一般社団法人おにぎり協会公認

おにぎりの本

Onigiri Japan

おにぎりは、えらい。
いつでも手軽に持ち歩けて、栄養もぎゅっと詰まってる。
おにぎりは、たのしい。
どんな具材を入れてもＧＯＯＤ！ カタチも大きさも、にぎる人次第。
おにぎりは、かしこい。
すぐに食べられて、消化はゆっくり。だから、腹持ちもしっかり。
おにぎりは、やさしい。
にぎった人の顔が見られる。ほおばるたびに、なんだか嬉しい気持ちになる。
そして、おにぎりは、おいしい！
おいしいお米の甘みがじんわり。これぞ、日本のソウルフード！
おにぎりには、日本のいいところが詰まっている。
おにぎりには、にぎった人の愛情が詰まっている。
おにぎりを見つめ、おにぎりを愛し、
おにぎりを「にぎる」食文化を、次の世代へつないでいこう。
人がにぎるから、おにぎり。

一般社団法人おにぎり協会

目次 Contents

この本の使い方

- ◯おにぎりは、お好みにより手塩をつけてにぎってください。
- ◯計量単位は、大さじ1＝15㎖、小さじ1＝5㎖です。米用のカップは、1カップ＝180㎖（1合）です。
- ◯オーブントースターの加熱時間は、機種や食材によって差があるので、様子を見ながら加減してください。
- ◯だしは昆布、削り節、煮干しなどでとった和風だしのことをさします。市販品を使う場合はパッケージの表示にしたがってください。

おいしいご飯の炊き方

おいしいおにぎりを作るには、おいしい炊飯から。ポイントは浸水で、時間をかけて米にしっかり吸水させてから炊き始めます。ここでは一般的な炊飯器を使った炊き方をご紹介。水加減は米の状態やお好みで調整してください。

※写真は3合（約450g）の炊飯です。

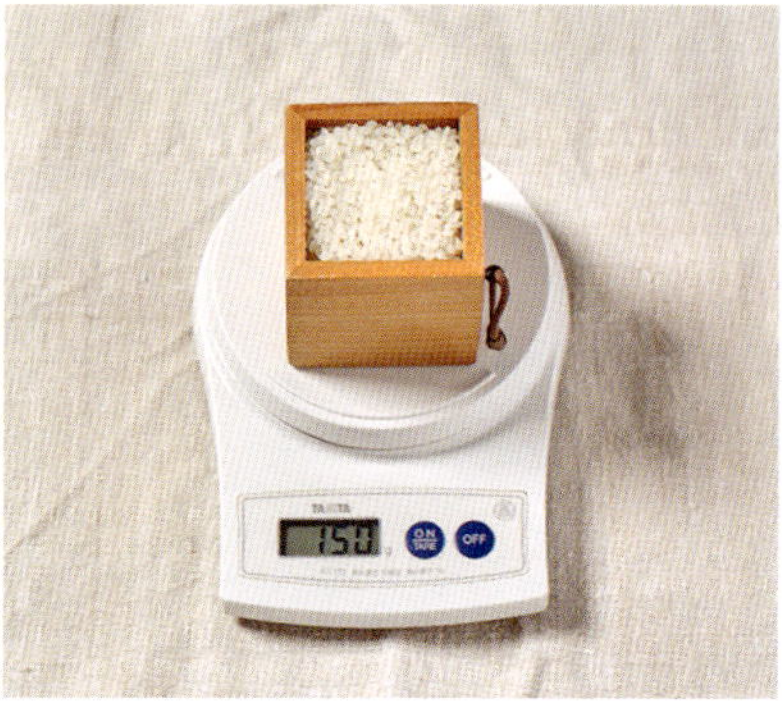

1
米を計量する

米1合は約150g。米の乾燥度合いによって多少の増減があるので、しっかり計量する。

※米専用の計量カップの容量は180mℓ（150g）。

2
ボウルに入れる

炊飯器の内釜は洗米に適していないときがあるので、ボウルに入れるのがベター。

3
水を一気に注ぐ

米がしっかりかぶるくらいの水を一気に注ぎ、すぐに混ぜる。

4
軽く洗う

近年の精米した米はきれいなので「研ぐ」ではなく「洗う」感覚で10秒程度やさしく混ぜる。

5
ざるにあげる

3合までなら一度洗い、5合の場合は水をもう一度入れ替えてすすぐ。

※薄いにごりは米の旨味なので、「洗い」は表面の汚れをとるのが目的。

6
浸水

しっかり水気をきって内釜に移し、分量の水を注いで夏場は60分、冬場は120分浸水させる。

7
炊飯する

内釜を炊飯器に入れてふたを閉め、炊飯のスイッチを入れる。

8
炊き上がり

炊き上がったらすぐふたを開け、しゃもじを十字に直角に入れる。

9
余分な水分を飛ばす

鍋肌にしゃもじを入れて1/4量ずつ起こし、かたまりを切るようにしてほぐす。

まずは手洗い

おにぎりをにぎる際にとっても重要なこと、それは「手洗い」です。
まずは、爪は短く切って時計や指輪は外しましょう。

1

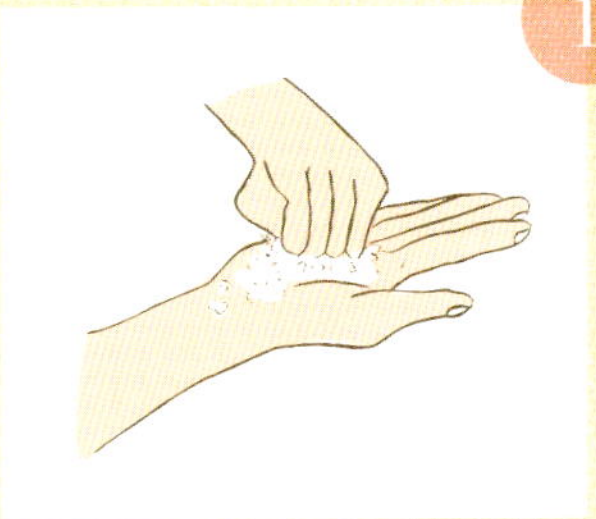

よく手を濡らした後、せっけんをつけ手のひらをよくこすります。手の甲を伸ばすようにこすります。

2

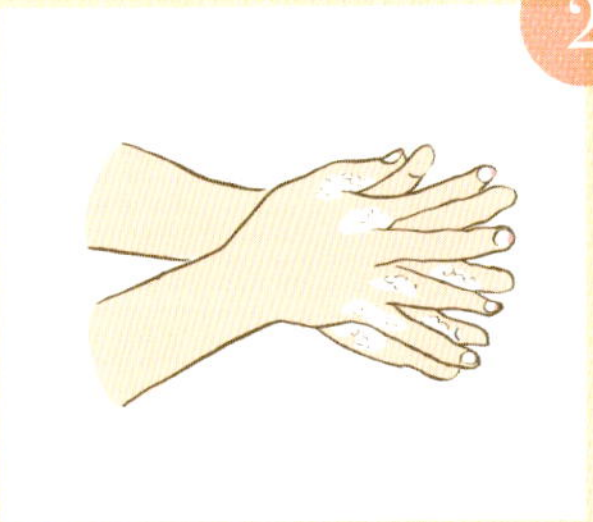

指先・爪の間を念入りにこすります。
指の間の洗い忘れに気をつけて。

3

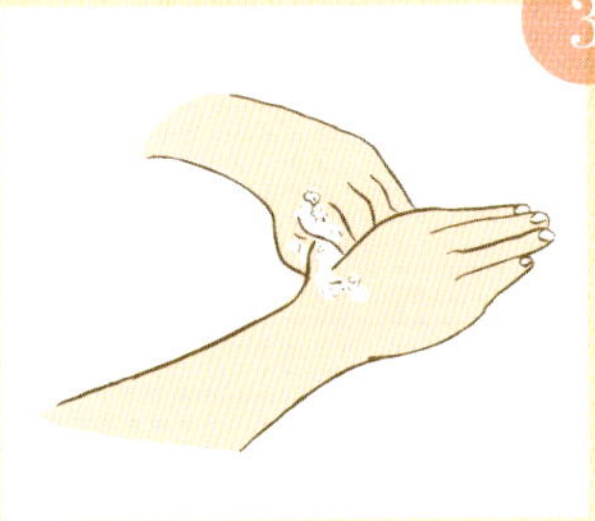

親指と手のひらをねじり洗いします。

4

手首まで洗ったら、せっけんを十分に水で流し、清潔なタオルやキッチンペーパーでよく乾かします。

※厚生労働省推奨

おにぎりのにぎり方

おにぎりの形は、大きく分けて４種類。具の内容や食べ方によって工夫すると楽しみが増します。それぞれにぎり方を覚えておきましょう。

 丸型

手に水を少々つけ、ご飯を片手にのせる（ひとつあたり約85g目安）。

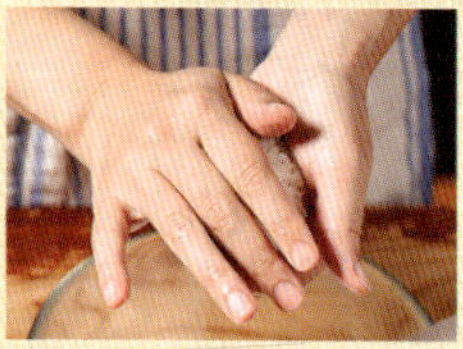

もう片方の手で受け、ひとまとめにする（強くはにぎらない）。

上側、下側とも手を少し曲げてカーブを作り、前後左右に回転させながら真ん丸にする。

米粒が落ちないよう押さえて、丸く形を整える。

完成！

 三角型

手に水を少々つけ、ご飯を片手にのせる（ひとつあたり約85g目安）。

もう片方の手で受け、ひとまとめにする（強くはにぎらない）。

上側の手を曲げて山型にし、下側の手のひらではさむように受け、縦に回転させながら三角形にする。

表面を平らにし、形を整える。

完成！

俵型

手に水を少々つけ、ご飯を片手にのせる（ひとつあたり約50g目安）。

もう片方の手で受け、ひとまとめにする（強くはにぎらない）。

一方の手のひらにのせ、上側の手で上下を少し押さえながら横に回転させ、筒状にする。

上下を平らにし、側面をきれいに整える。

完成！

円盤型

手に水を少々つけ、ご飯を片手にのせる（ひとつあたり約85g目安）。

もう片方の手で受け、ひとまとめにする（強くはにぎらない）。

一方の手のひらにのせ、水平に回しながら上側の手で側面を丸くする。

表面を平らにし、形を整える。

完成！

4つの型

日本の暮らしの中に、当たり前のようにあるおにぎり。
その形には歴史背景があり、今に受け継がれています。

丸型

三角が登場するまでの主流型。江戸時代は野菜くずを混ぜこんだ「かて飯」を丸くにぎり、農作業の合間に食べていた。中部地方を中心に、四国、中国、九州、そして全国へと広まった庶民のおにぎり。

三角型

持ち運びやすい形として、東海道の宿場町あたりで多く見られたローカルおにぎり。それが昭和53年、コンビニエンスストアで三角型のおにぎりが発売されたのを機に全国区へ。今では、約9割を占める。

おにぎり

俵型

主に関西地方で見られる型。江戸時代、町民文化が栄えた大阪で、歌舞伎など芝居観劇の幕間に食べる「幕の内弁当」に合うおにぎりをと考えられ、小ぶりなサイズと箸でつまみやすい形になったと言われる。

円盤型

主に東北地方の日本海側から北陸地方にかけて、雪深い地域で見られる焼きおにぎりに多い型。火が通りやすいように、表面が平たくなっている。現在も東北のスーパーでは円盤型の焼きおにぎりが並ぶ。

1 おにぎりのこだわり

ソルトコーディネーターに聞く おにぎりにおすすめのお塩

おにぎりに欠かせないものといえば塩。塩はお米のうまさを引き立たせる最高の伴走者です。一言で塩と言っても、実は日本に流通する塩の数は、輸入品を含めるとおよそ4000種類あり、純国産の塩だけでも全国各地で600種類以上が生産されています。海に囲まれた島国である日本では、北は宗谷岬から南は与那国島まで製塩所があり、また、多くの離島で塩を作っています。

お米の品種が多種多様で、その一つひとつの味や特徴が異なるように、塩も取水地や製造方法によって、一つひとつ性格が異なります。おにぎりの特徴に合わせて塩を選ぶことで絶妙なマリアージュが生まれ、究極の塩にぎりを楽しめます。

塩にぎりにする場合、どの塩がどのお米に合うのかを「おにぎり協会」おにぎりアンバサダーで「一般社団法人日本ソルトコーディネーター協会」代表理事の青山志穂さんに教えていただきました。

おにぎり協会
おにぎりアンバサダー
一般社団法人
日本ソルトコーディネーター
協会 代表理事
シニアソルトコーディネーター

青山《あおやま》 志穂《しほ》

食品メーカーを経て塩専門店「塩屋」に入社。日本初のソルトソムリエ制度（社内資格）を作り上げげた。2012年、一般社団法人日本ソルトコーディネーター協会を設立し独立。おにぎり協会では「おにぎりアンバサダー」として活躍中。

塩にぎりにぴったりの塩のベストブレンド

塩は製法や産地によって味が違うため、ブレンドして使うと新しい味わいが生まれます。おにぎりに使うお米の傾向別に、塩にぎりにしたとき、よりお米のおいしさを引き出す塩のブレンドを青山さんに教えていただきました。

万能系の旨味のお米には……

バランスのよい「青い海」とミルキーな甘味と酸味のある「あまみ」をベースに、適度な旨味のある「ひんぎゃの塩」を少量入れることで、全体のバランスがよいまま味に奥行きが出る。

Best of 米▲ **にこまる［愛媛］、コシヒカリ［新潟］**

あっさり系のお米には……

さらりとしたミルキーな甘味のある「つるみの磯塩」に、適度なしょっぱさのある「浜御塩」をブレンド。さらりとした甘味があり、のどごしがよいタイプのお米にぴったり！

Best of 米▲ **森のくまさん［熊本］**

こってり系のお米には……

旨味に旨味を重ねることで、味に厚みを出し、さらに余韻も非常に長くなります。粒が大きくねばりがあり、旨味が強いタイプのお米にぴったり！

Best of 米▲ **つや姫［山形］、ゆめぴりか［北海道］**

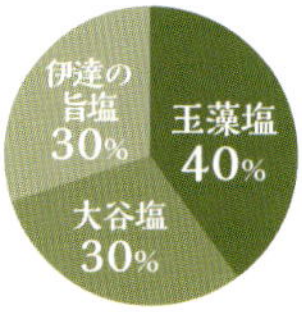

❶ 北海道
カムイミンタルの塩

溶けやすく最初に強めのしょっぱさを感じるが、口あたりはやわらかく、すぐにイノシン酸のような濃厚な旨味が口いっぱいに広がる。適度な苦味でキレがよい。

Best of 米▲ ゆめぴりか［北海道］

❷ 宮城県
伊達の旨塩
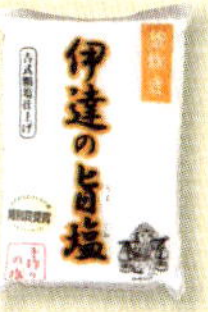

適度なしょっぱさで、非常に濃厚な旨味と甘味があり、余韻が長く続く。心地よい苦味があり、ほのかな磯の香りが鼻孔をくすぐる。

Best of 米▲ にこまる［愛媛］

❸ 新潟県
玉藻塩

まろやかなしょっぱさ。ホンダワラのエキスが入っているので濃厚な旨味があり、余韻が長い。ふわっとした磯の香りを感じられる。

Best of 米▲ つや姫［山形］

❹ 東京都青ヶ島
ひんぎゃの塩

絶景の孤島・青ヶ島の火山噴気孔から出る高温蒸気を利用してじっくり結晶化させた海水塩。まろやかなしょっぱさと適度な旨味、強い甘味があり、余韻が長い。

Best of 米▲ にこまる［愛媛］

❺ 石川県
大谷塩

伝統的な揚げ浜式塩田で作られた海水塩。しょっぱさはほどよく、上質なバターのような甘味と旨味を感じる。余韻が長く、味わい深い。

Best of 米▲ つや姫［山形］

❻ 高知県
あまみ

完全天日塩。まろやかなしょっぱさで、甘味と旨味の他、乳製品のような酸味があるため、ミルキーななめらかさがある。適度な雑味があり、味に厚みを感じさせる。

Best of 米▲ 森のくまさん［山形］

❼ 大分県
つるみの磯塩

口あたりに影響するカルシウムを徹底除去しているため、ふわふわの食感で溶けがよい。適度なしょっぱさとはっきりとした甘味があり、やさしい舌触りが特徴。キレがよい。

Best of 米▲ ゆめぴりか［北海道］

❽ 熊本県
はやさき 極上

完全天日塩。やや強めのしょっぱさの後に、だしのような旨味と甘味を感じ、口あたりがなめらかでミルキーな印象。後味にほどよい苦味がありキレがよい。

Best of 米▲ 森のくまさん［山形］

❾ 長崎県
浜御塩

適度なしょっぱさと、しっかりとした甘味と旨味があり、余韻がほどよく続く。

Best of 米▲ コシヒカリ［新潟］

❿ 沖縄県
青い海

ほどよいしょっぱさと同じ強さで酸味、旨味、甘味を感じられるため、非常に味わいのバランスがよい。

Best of 米▲ コシヒカリ［新潟］

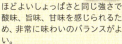

2 おにぎりのこだわり

海苔のプロフェッショナルに聞く おにぎりにおすすめの海苔

海苔のおいしさは「生育に適した環境と収穫時期の見極めで決まります」と語るのは、創業90年を越える海苔の老舗「守半總本舗」代表取締役の湯澤元一さん。

海苔の生育にもっとも適しているのは、河川と海水が交わる遠浅の海岸で、有名な産地は宮城、千葉、瀬戸内、有明など。ひと昔前までは東京の大森もいい海苔が育つ一大産地として名が知られていましたが、時代の流れとともに生活排などの環境問題が取りざたされ、養殖を

湯澤《ゆざわ》 元一《もといち》

焼き海苔の開祖であると言われている大森守半本店から正式にのれん分けを受け、昭和2年に東京の大田区蒲田に「守半蒲田店」として開業。現在、「守半總本舗」三代目社長。

おいしい海苔の見分け方教えます！

海苔は海藻の一種です。その年の気象状況や水質によって、海苔の品質が変わってきます。さて、おいしい海苔とはどんな海苔でしょうか?

海苔の色で品質を見極める

海苔の色を大きく3つに分けて「黒い海苔」「赤紫の海苔」「緑の海苔」に分類したとき、論外なのは「赤紫の海苔」。これは植物で言う枯れた状態です。海苔本来の色は赤黒い色をしていて、乾燥や焼きの工程で黒くなるので、「黒い海苔」がおいしい海苔。見分けづらいのが「緑の海苔」で、これは海苔の発育が悪くて、食感が悪く海苔独自の風味も薄くなります。ラーメンの具材トッピングに利用されることが多く、おにぎりに適した海苔ではありません。

「緑の海苔」

「黒い海苔」

断念。その技術は昭和39年に九州へと伝えられました。それが「江戸の海苔技術が伝承された有明海苔」と言われる所以です。

海苔の栽培方法は2通りで、海面に支柱を立てて海苔網をはる「支柱式」と、海苔網のまわりに浮きをつけていかりで海底に固定し、網を海面に浮かせる「浮き流し式」があります。

有明は「支柱式」栽培で、潮の満ち引きによって海苔網が海中に沈んだり、海面から出て光合成したりを繰り返して育ちます。できあがった海苔はパリッとした食感で口どけがよく、おにぎりに適しています。それに対し「浮き流し式」で栽培される海苔は弾力のある食感になり、関西方面で好まれる海苔巻きによく使われます。このように栽培法や地域によって味や風味が異なるのも海苔の面白さです。

また、収穫時期もおいしさを決める大事な要素。海苔にも当然"旬"があり、秋深くなった11月下旬に宮城県仙台から収穫がはじまり、気温の低下とともに南下していきます。

いちばん初めに収穫される海苔は、お茶で言うところの新茶にあたり、やわらかく栄養にも富んでいます。これを「秋芽の一番摘み」と呼び、それより後に採れるものは2番、3番と続きます。この最高品質の「一番摘み」をさらに確保すべく、同時期に種付けした網を一度冷凍保存し、海水温が下がった1月大寒の時期に再び海へと戻して採取するような技術も生まれました。キーワードは、「一番摘み」もしくは「新芽」と覚えて下さい。

「海苔の種」とは?

広大な海の中で、どうやって海苔を栽培するのだろうか?
そこには驚くべき海苔の種付け方があった!

←海苔網に結びつけられた、牡蠣の殻に植えつけられた海苔の種。秋の気配を感じる頃、いっせいに胞子を放つ。

牡蠣の殻を使った独自の種付け方

海苔をはじめとする海藻類の多くは、"冬"に育成する植物です。海苔養殖の場合は夏の終わり頃に、人工的に海苔の種を植えつけた牡蠣の殻を、海苔網に結びつけて海の上で栽培します。季節の経過とともに水温が低下し、日照時間の短かさにより秋を感じ、細胞分裂した海苔の種は、いよいよ貝殻から胞子を放ちます。海苔網に付着して根を張り、成長を重ねることで、冬にかけて葉っぱが育っていきます。

→牡蠣の殻が赤黒く見えるのは、びっしり詰まった「海苔の種」。

3 おにぎりのこだわり

お米マイスターに聞く おにぎりにおすすめのお米

ご飯用のお米の品種は300種ほどですが、中でもおにぎりに向いた品種があるのはご存じですか？

口中で感じる心地よさや、具材との相性、冷めてもおいしいなど、おにぎり向きの特徴を持った品種があります。

「おにぎり協会」のおにぎりアンバサダーで、お米の博士号と言える「五ツ星お米マイスター」の小池理雄さんも参加する「おにぎり食味会」のデータをもとに、おすすめ品種をマッピング！朝におにぎりをにぎって、昼食になる約4時間後の違いがわかる、「おいしさ」も説明します。

また、具材は塩味が強いのか、油分が多めなのか、食感は硬いのか、やわらかいのかなど、具材の持つ特徴によって、合うお米の品種が変わってきます。そこで、特に合う具材もご紹介。

コラムでは、東西の最優秀米を、自宅で簡単にお米をブレンドするならどの組み合わせがおいしいのかもご紹介します。

東西の最優秀米をブレンド さらに、味わいワンランクアップ！

お米は違う品種同士をブレンドすると、別の味わいが生まれます。東日本最優秀米の「つや姫」と西日本最優秀米の「にこまる」をベースにしたおにぎりにするとき、ブレンドするとワンランクアップするお米を小池さんに選んでいただきました。

【東日本最優秀米ブレンド】

つや姫80%×ゆめぴりか20%

「つや姫」は粒の張り具合やその甘さ加減は申し分のない品種ですが、あえて言うならばやや粒がぷつんと噛み切れてしまうことが気になります。そこで粒にもう少しねばりを加えるために、「ゆめぴりか」を少し加えます。そうすることによりねばりが増し、口の中で滞留する時間も長くなるため、今まで以上に具材と米粒との一体感が楽しめます。

つや姫
80%
ゆめぴりか
20%

【西日本最優秀米ブレンド】

にこまる70%×あきたこまち30%

「にこまる」は、その甘さがズドンと舌の上に展開するほどのインパクトがあるお米ですが、その甘さに少しブレーキをかけて、具材とよりスムーズな調和を目指します。そのために「あきたこまち」をブレンド。「あきたこまち」のやや硬めの食感が「にこまる」の甘さを緩和しますので、具材の味に落ち着いて向き合うことができるでしょう。

にこまる
70%
あきたこまち
30%

五ツ星 お米マイスター
おにぎり協会
おにぎりアンバサダー

小池《こいけ》 理雄《ただお》

創業88年、原宿・表参道で唯一の米屋、「小池精米店」の三代目。イベントや講演などで米文化啓蒙に勤しんでいる。「ごはん検定公式テキスト」執筆。雑誌「地上」にて「米消費拡大研究所」連載中。

❶ 北海道

ゆめぴりか

しっとりとした粒感が特徴で甘味の広がりがある。にぎってから4時間たっても粒立ちがよくわかり、はね返すような弾力ではなく、やわらかく受け流すような弾力がある。

Best of 具材▲ **生鮭**

❷ 岩手

銀河のしずく

粒に張りがあり、弾け具合が気持ちいい。粒の大きさ・粘度・甘さは申し分なく、どのような具材でもしっかり受けとめられる。にぎってから4時間後もほろっとほぐれ、粒は硬いが、甘味がきちんと伝わってくる。

❸ 山形

東日本 最優秀

つや姫

粒の表面の適度な甘さとしっとり感が具材を包みこみ、口の中で調和する。ぷりんとした弾力があり気持ちよく、まとまりも申し分ない。にぎってから4時間後は粒の硬さが強調され、ザクっと噛み切れるような感触になる。

❹ 茨城

ふくまる

粒の存在感が秀逸で非常に特徴の強いお米である。どんな具材も受けとめられそう。食べるとほろっとほぐれるが、にぎってから4時間後はほぐれなくなる。

❺ 新潟

コシヒカリ

粒感が申し分なく、粒の表面がパラっとしていて、ふんわりとしたおにぎりになる。にぎってから4時間後も、粒が立っていて硬め。ほぐれ具合もそのまま継続される。

❻ 長野

風さやか

主張がなく噛みごたえがあり、口に入れるとほどけ具合が申し分ない。にぎってから4時間後は、硬さは保っているが、ほどけ具合が維持されている。

Best of 具材▲ **鶏そぼろ**

❼ 福井

いちほまれ

やや小粒ではあるが力強い味。ねばりも申し分なく、いろいろな具材を受けとめることができる。米粒同士の距離感もよく、しっとりとまとまっている。にぎってから4時間後も、ややねばりが強く、旨味もきちんと伝わってくる。

❽ 三重

結びの神（三重23号）

やや硬めでしっかりしている。最初に口に含んだときの甘味は後を引き、とても印象深い。クセのない具材が合う。にぎってから4時間後も、硬さは残っている。

❾ 島根

きぬむすめ

旨味とねばりがあり、やわらかい食感で、ふんわりとしたおにぎりになる。にぎってから4時間後はしっとりと噛み切れる感じであり、やさしい甘さが残っている。

❿ 愛媛

西日本 最優秀

にこまる

甘味が秀でていて、薄味の具材であればもっと甘味が引き出される。口の中に入れると、しっとりと気持ちよくほぐれていく。粒の大きさが申し分ない。にぎってから4時間後は、噛みしめると力強い旨味がにじみ出る。

Best of 具材▲

明太子・たらこ・梅干し

⓫ 熊本

森のくまさん

やや硬めのおにぎりとなり、粒感がしっかりとわかるタイプである。にぎってから4時間後もしっかりと硬さは残り、歯をはね返さんばかりの弾力が残っている。

Best of 具材▲

カリカリ梅・昆布の佃煮

ご当地おにぎり

北海道

海に囲まれた広大な大地。海鮮から農産物までご当地食材が数多くある北海道で、開拓者の時代から愛されてきたのが鮭です。豊富な漁獲量から保存食の文化も発展し、現代に受け継がれてきました。内臓をとって塩をすりこみ、大きな容器に山のように積み重ねて、重しをして数日間漬ける「鮭山漬《さけやまづ》け」も古くから伝承される製法のひとつ。適度に水分が抜けて、旨味が残ります。ご飯に混ぜて、いくらのしょうゆ漬けをトッピングしたおにぎりは、ちょっとぜいたく。スペシャルな日の食卓を賑わせます。

　合わせる汁物も鮭が主役。地元では、残った鮭のあらを用いて余すところなく使います。鮭から出るやさしいだしに、ほんのり甘い白みそがマッチし、上品な味わいに。具は大地で育ったじゃがいもや大根を。具だくさんにすれば味もふくらみ、おにぎりと汁物で一汁一菜。大満足の一食になります。

北海道のおにぎりには

石狩汁

鮭の切り身（またはあら）は、熱湯をかけるか塩をふってくさみ抜き。じゃがいもはひと口大、大根、にんじんはいちょう切りなど食べやすく切り、長ねぎの斜め切り、しょうがの薄切りと好みのだしで煮て、白みそで仕上げます。甘みの中に鮭や野菜の旨味が広がる、冬の汁物。ほっこりと体の芯から温まります。

鮭山漬けおにぎり

いくらをこぼれるほどのせると
見栄えが増し、おもてなしにも。

材料（2個分）
ご飯…約170g
鮭山漬け（塩鮭）…1切れ
いくらのしょうゆ漬け
…大さじ1

作り方

1 鮭山漬けは魚焼きグリル（または網）で焼き、粗熱がとれたら皮と骨を除いてほぐす。

2 ボウルにご飯、1を混ぜ合わせ、等分して三角ににぎる。いくらのしょうゆ漬けをトッピングする。

ご当地おにぎり

東北【山形】

東北から北陸にかけて、雪深い地域では、冬場おにぎりが凍ってしまうため、焼きおにぎりが普及しました。形も火の通りやすい円盤型。表面にみそを塗り、香ばしく焼き上げれば中までアツアツ、できたてのおいしさです。庄内地域に古くから伝わる「弁慶飯」は、みそおにぎりを山形の冬の定番「青菜漬《せいさいづ》け」で包み、表面を香ばしく炙った郷土料理。昔はひとつに茶碗2杯分ものご飯を使って作っていたとか。青菜漬けがないときは高菜漬けや、手軽に青じそをのせて風味をプラスするのもよいでしょう。

汁物は山形の代表的な郷土料理の芋煮。地域によって味つけが異なり、内陸では牛肉を使ったしょうゆ味、庄内から日本海側にかけては豚肉を使ったみそ味が主流。具の種類や切り方にも地域によって特色があり、今も秋になると東北各地で大鍋を囲む「芋煮会」が開かれています。

東北【山形】のおにぎりには

芋煮

里いもはぬめりをとり、下煮してやわらかくします。白こんにゃくも食べやすく切って下ゆで。内陸風に牛こま切れ肉、長ねぎとともに好みのだしで煮て、しょうゆ、塩、砂糖で調味します。ごぼうやまいたけなども具の定番。また、みそ仕立ての庄内風芋煮は厚揚げがよく入ります。シンプルながら飽きない味わい。

みそ焼きおにぎり（青じそのせ）

みそが少しこんがりするまで焼くとおいしい。
青じそはさっと加熱する程度でOK。

材料（2個分）

ご飯…約170g
みそ…大さじ1と1/2
みりん、砂糖
…各小さじ2
青じそ…2枚

作り方

1 ボウルにみそ、みりん、砂糖を混ぜ合わせる。

2 ご飯を等分して円盤型ににぎり、表面に1を塗る。

3 オーブントースターの天板にオーブンシートを敷いて2をのせる。

4 トースターに入れ、表面 に焼き色がつくまで4～5分焼く。焼けてきたらふたを開け、青じそをのせて再びトースターに入れてさっと焼く。

関東【千葉】

太平洋に面した千葉県は、鰹節の生産が古くから盛んに行われていました。しょうゆの生産はさらに古く、現在も県内には大手メーカーがあり、近年はしょうゆ生産量日本一の座を継続しています。

その地で削り節としょうゆのおにぎりが家庭に根づくのは必然的なことと言え

るでしょう。海苔の産地でもあり、ときには海苔に巻いていただきます。削り節との相性は言うまでもありません。

　三角おにぎりが主流ですが、房総半島南部の館山地方では昔、大きく三角ににぎったものを「おむすび」、俵型に小さくにぎったものを「おにぎり」と呼んで区別していたそうです。

　汁物も海産物で。傷みやすいいわしは、漁場に近い地域で親しまれてきた魚です。新鮮なうちにすりつぶせばくさみもなく、弾力のあるつみれになります。素材の味が引き立つお吸い物に仕上げて。少し小骨を感じるくらいの、やや粗ずりが手作りの味。リッパなおかずになり、おかかおにぎりとの相性もバツグンです。

しょうゆめしおにぎり

**シンプルな味つけなので、
少し大きめににぎって、
おかずといっしょに
楽しむのもおすすめ。**

材料（2個分）
ご飯…約170g
しょうゆ…小さじ2
削り節…4g
白いりごま…大さじ1
海苔…お好みで1/4枚

作り方

1 ボウルにご飯、しょうゆ、削り節、白いりごまを混ぜ合わせる。

2 1を等分して三角ににぎり、お好みで海苔を巻く。

関東【千葉】のおにぎりには

いわしのつみれ汁

新鮮ないわしを手開きにして皮を除き、包丁で細かくたたきます（フードプロセッサーでもOK。すり鉢ならよりなめらかに）。おろししょうが、みそ、小ねぎの小口切りを加え混ぜ、スプーンなどで丸く成形しながら下ゆで。仕上げは白だしを煮立てた中へ入れ、しょうゆと塩で味つけ。みそ味にしてもおいしいです。

ご当地おにぎり

北陸【富山】

昆布の産地といえば北海道で、その生産量は国内の約9割を占めています。一方、昆布の消費量日本一の都道府県庁所在地は富山市。産地でもないのに、なぜそれほどまでに広まったのか。それは、江戸時代に栄えた、北海道と大阪を結ぶ北前船の航路「昆布ロード」の中継地だったからに他なりません。船の寄港が増えるにつれ、昆布食文化が開花。次第に、日常的に親しまれるようになっていきました。

おにぎりに海苔ではなくとろろ昆布を巻くのは富山のスタンダード。磯の香りが口いっぱいに広がります。町のコンビニエンスストアでは今も、とろろ昆布巻きおにぎりが並んでいます。

汁物は、冬の味覚ぶりを使って。地元では、あらを用いて作ることも多いです。ちょっとぜいたくなようですが、産地では身近な存在。みそとの相性もよく、旨味を引き立てます。だしで煮て、塩味にするのもおすすめ。冬ならではのおいしさです。

北陸【富山】のおにぎりには

ぶり汁

ぶりの切り身（またはあら）は食べやすく切って、熱湯をかけるか塩をふってくさみ抜き。大根のいちょう切り、長ねぎの輪切りとともに好みのだしで煮て、酒を加え、みそで調味します。脂ののった旬のぶりは身が締まっていて、噛むとホロっとくずれて旨味たっぷり。針しょうがやゆずの皮をトッピングしても。

とろろ昆布のにぎりめし

**とろろ昆布の食感を保つよう、
ふわっと包みこむように巻きます。**

材料（2個分）
ご飯…約170g
梅干し…2個
とろろ昆布…8g

作り方

1 ご飯半量をとり、中心に梅干し1個をのせて円盤型ににぎる。

2 同様にもうひとつにぎり、全体にとろろ昆布を巻きつける。

中部【三重】

名古屋名物と思われがちな「天むす」ですが、実は三重県津市の「千寿本店」が発祥です。昭和30年代初め、当時天ぷら定食屋を営んでいた初代がまかないに作ったものが評判となり、商品化されたそう。そのおいしさが名古屋へと伝わり、手土産のひとつとして全国的に広まりました。元祖に準じてか、小ぶりなサイズのものが多く、塩をふったえびの天ぷらを包みこむようににぎって三角にし、海苔で巻きます。

汁物は濃厚な赤だし。中部地方のみそ汁は、八丁みそなど熟成させた赤系の豆みそがよく用いられます。見た目は赤というより、やや黒みを帯びたような濃い液色。独特の豆の香りが食欲をそそり、コクがありながら、すっきりとした味わいです。とろみが出るなめこは、赤だしにぴったりの具。豆腐や油揚げ、ねぎ、わかめの他、あさりやしじみなどの貝類もよく合います。トッピングは小ねぎや三つ葉など香る野菜がおすすめです。

中部【三重】のおにぎりには

赤だしみそ汁

なめこは流水でさっと洗い、ぬめりをとります。好みのだしを火にかけ、煮立ったらなめこと豆腐を加え、赤だしみそをしっかり溶いて調味します。仕上げに小ねぎの小口切りを散らして彩りよく。濃厚ながら、後口はすっと引くので、天むすを食べたあとの油も一掃。次のひと口を呼びこみます。

天むす

えびの天ぷらに
まんべんなく塩をふることで、
ご飯と天ぷらの味が
なじみます。

材料（2個分）
ご飯…約110g
えびの天ぷら…2本
塩…適量
海苔…2/3枚

作り方

1 えびの天ぷらに塩をふる。海苔は2等分に細長く切る。

2 ご飯半量でえびの天ぷら1本を（尾を出すようにして）包みこみ、三角ににぎる。

3 同様にもうひとつにぎり、1の海苔を巻く。

関西【大阪】

江戸時代に栄えた北前船の航路「昆布ロード」目的の地、大阪でも昆布は広まり、その後の一大消費地となりました。関西でうどんなどのつゆに昆布だしが使われるようになったのも、その頃から。塩昆布や昆布の佃煮は、食卓の常連おかずです。きざんでご飯に混ぜたおにぎりも定番で、俵型ににぎるのが大阪の特徴。江戸時代、歌舞伎鑑賞の幕間に食べやすい形をと考えて、俵型おにぎり入りの幕の内弁当が発売されたのがきっかけで、町へと広まっていきました。

また、おにぎりに味付け海苔を巻くのも大阪ならでは。味付け海苔は明治時代、天皇が京都へ赴く際に作った献上品が始まりとされ、その後に手頃な価格帯のも

関西【大阪】のおにぎりには

西京みそ汁

乾燥湯葉は、水またはぬるま湯で戻します。みょうがは小口切りに。好みのだしを煮立て、水気をきった湯葉とみょうがを加えて西京みそで調味。かいわれ大根をトッピングすると、見た目もよく、ピリッとした風味が甘くやわらかな白みそのアクセントになります。湯葉をおぼろ豆腐にしてもおいしいです。

のが出回り、関西で爆発的に売れたそう。今でも関西地区のコンビニエンスストアでは、味付け海苔のおにぎりが販売されています。関西の汁物は西京みそのような白系の甘みそが広く使われ、上品で繊細な味が昆布にも合います。

塩昆布おにぎり

仕上げに巻くのは味付け海苔。
甘みが昆布とマッチします。

材料（3個分）
ご飯…約170g
塩昆布…10g
白いりごま…大さじ1
ごま油…小さじ2
味付け海苔…好みで

作り方

1 ボウルにご飯、塩昆布、白いりごま、ごま油を混ぜ合わせ、3等分して俵型ににぎる。

2 お好みで味付け海苔を巻きつける。

中国【山口】

北浦と呼ばれる山口県の日本海側沿岸は古くからわかめの産地として有名で、北浦から日本海に沿った島根、鳥取まで、わかめは日常食として家庭に根づいています。おにぎりやふりかけに使うのは、わかめを天日で干して乾燥し、細かくくだいた「きざみわかめ」。そのままトッピングとして使え、食卓に欠かせない存在です。「しそわかめ」といった加工品も多く、それらはお土産の定番になっています。

材料（2個分）
ご飯…約170g
きざみわかめ…大さじ3

作り方
1 ご飯を等分して丸くにぎる。
2 バットなどにきざみわかめを広げ、1を転がしながら表面全体につける。

わかめおにぎり

**干しわかめは若くて
薄いものがおすすめ。
まぶしたわかめが
しんなりしたら食べ頃です。**

おにぎりにするときは、きざみわかめをご飯に混ぜこむのではなく、にぎってからまぶすのが土地の流儀。少し時間をおいて、なじんだところを噛みしめると、磯の風味をダイレクトに感じます。

汁物は、島根県の宍道湖で有名なしじみが主役。宍道湖は海水と淡水が混じりあう汽水湖で、汽水域に生息する大和しじみは粒が大きく肉厚でミネラル分も豊富。コクのある旨味で、体に沁みわたるみそ汁になります。

中国【山口】のおにぎりには

しじみ汁

しじみは水（汽水域のしじみは薄い塩水）に浸して3～5時間おき、砂出しします。殻をこすり合わせてよく洗い、水（だし昆布を少々加えても）または好みのだしとともに鍋に入れて加熱します。途中アクを除き、貝が開いたらみそで調味。水から煮始めることで貝のだしをじっくり引き出します。仕上げに小ねぎを散らして。

四国【愛媛】

鯛の水揚げ量は、愛媛県がぶっちぎりの日本一。県外の人から見ればぜいたくな魚も、愛媛では日常的な食材のひとつです。とはいっても大きな鯛ではなく、市場にはあまり出回らない小ぶりなものが多いとか。味は鯛ですから、よいだしが出て、しっとりとした甘みのある白身の味わいは変わりありません。

土鍋で炊く「鯛めし」は土地の定番料理。米の上に大小の鯛を並べて炊き上げ、鯛の旨味をご飯に浸透させます。骨がゴツゴツして小骨が少なめなので、身をほぐすのが簡単なのもうれしいところ。仕上げに香りよい三つ葉をたっぷり散らします。残ったら、もちろんおにぎりに。冷めてもおいしさはそのままです。

愛媛のおとなり、徳島県の特産品のひとつが、肉厚で歯ごたえのよい「鳴門わかめ」。ゆでるとサッと美しい緑色になる海藻は、みそ汁の定番具材です。風味がしっかりしているので、具は一種類で十分。鯛めしおにぎりとともに味わえば、瀬戸内の海の幸を満喫できます。

四国【愛媛】のおにぎりには

鳴門わかめ汁

生の場合はさっと下ゆでして、塩蔵わかめの場合は水で戻します。好みのだしを火にかけ、煮立ったら食べやすい大きさに切ったわかめを入れてみそで調味。好みでかいわれ大根をトッピング。具が一種類のときは、たっぷり入れてぜいたくに。豆腐やねぎなどの定番具材や、卵、トマトと合わせるのもおいしいです。

鯛めしおにぎり

**切り身1切れ、炊飯器で炊く簡単レシピ。
ご飯一粒一粒に旨味を感じます。**

材料（4個分）
米…1合
鯛（切り身）…1切れ
白だし…大さじ2
三つ葉（ざく切り）…1/2束分

作り方

1 6ページの要領で米を洗って炊飯器の内釜に入れ、1合の目盛りまで水を加えて浸水する。

2 1に白だしを加え混ぜ、鯛の切り身をのせて炊飯器にセットし、ふつうに炊く。

3 炊き上がったら鯛の骨を取り出し、身をくずしながら全体をほぐすように混ぜる。三つ葉を加えて混ぜ合わせ、4等分して三角ににぎる。

ご当地おにぎり

九州【福岡】

九州北部では鶏肉を「かしわ」と呼び、古くから親しまれてきました。「かしわめし」が全国区になったのは駅弁がきっかけで、福岡の「折尾名物かしわめし」は、駅弁ファンならずとも知られている名作です。「かしわめし」とは、鶏の炊きこみご飯のこと。具は鶏肉の他にごぼう、にんじん、こんにゃくなど。福岡の「がめ煮」、いわゆる筑前煮と具はほぼ同じで、米といっしょに炊き上げると「かしわめし」になります。うどん屋では、いなり寿司と並んでかしわおにぎりがあり、コンビニエンスストアにも並ぶ福岡のソウルフードです。

汁物は、九州で愛される麦みそを使ったみそ汁を。九州地方はさつまいもや里いもの生産量が多く、みそ汁の具によく使われます。ほっこり甘いいもと、こっくりとした麦みそは相性がよく、そこに具だくさんのかしわおにぎりがあれば言うことなしです。

九州【福岡】のおにぎりには

さつまいものみそ汁

さつまいもはよく洗って皮ごと輪切りにし、水にさらします。油揚げは湯通しして食べやすく短冊切りに。鍋に好みのだしと水気をきったさつまいも、油揚げを入れて火にかけ、煮立ったら麦みそで調味。仕上げにきざんだ三つ葉をトッピングします。さつまいもを里いもにしてもおいしいです。

かしわおにぎり

**ご飯一粒一粒に鶏の旨味が浸透。
根菜もたっぷり入った
具だくさんのおにぎりです。**

材料(4個分)
米…1合
鶏肉…40g
にんじん…5g
ごぼう…10g
こんにゃく
(アク抜きずみ)… 20g
A
- みりん… 大さじ1
- しょうゆ、酒
…各小さじ2
- 砂糖…小さじ1/2

作り方

1 6ページの要領で米を洗って炊飯器の内釜に入れ、1合の目盛りまで水を加えて浸水する。

2 鶏肉、にんじん、ごぼう、こんにゃくは1cm角くらいに細かく切る。

3 鍋にAを入れて火にかけ、2を加えて汁気がほぼなくなるまで煮絡める。1の内釜に加え(混ぜない)、炊飯器にセットし、ふつうに炊く。

4 炊き上がったら全体をほぐすように混ぜ、4等分して丸くにぎる。

ご当地おにぎり

沖縄

独自の食文化を育む沖縄県。豚肉の消費量が多く、豚肉の脂身の部位をみそとともに炒めて黒糖やみりんで味つけた「油みそ」はアンダンスーとも呼ばれ、昔からある伝統的な母の味です。みそといっても汁物用ではなく、ご飯にのせたり、野菜と炒め合わせたりと活用法はさまざま。いわゆる「作りおき」で、家庭によって甘み度合いなどが異なります。おにぎりの具としても定番で、コンビニエンスストアに並んでいます。

また、沖縄で愛される食材のひとつとして有名なのがランチョンミートです。チャンプルーの具にしたり、卵焼きと組み合わせて「おにぎらず」にしたり、地元ではみそ汁の具にもよく使われます。

汁物は、太くて食べごたえのある沖縄もずくで。煮ると自然なとろみが出て口あたりよく、するするっと入ってきます。ガッツリ系のおにぎらずには、さらっとしたお吸い物がぴったりです。

沖縄のおにぎりには

もずく汁

生もずくはさっと洗ってそのまま使います（塩もずくの場合は、しっかり塩抜きしてから）。鍋に好みのだしを入れて火にかけ、煮立ったら食べやすく切ったもずくを加えてさっと煮、しょうゆと塩で調味。トッピングには、ぜひしょうがのせん切りを。さわやかな辛味がもずくとよく合います。あれば小ねぎも散らして。

ポーク玉子おにぎり

甘めの油みそが、ポークと卵焼きのつなぎ役に。
おにぎらずのスタイルで、1個で一食まかなえるボリュームです。

材料(1個分)
ご飯…約170g
卵…1個
砂糖…小さじ1
ランチョンミート(ポーク)…50g
海苔…1枚
油みそ…大さじ1
サラダ油…適量

作り方

1 ボウルに卵を割りほぐし、砂糖を加え混ぜ、サラダ油を熱したフライパンに流し入れる。大きく混ぜてかたまってきたら手前からくるくると巻いて卵焼きを作る。取り出して冷まし、ランチョンミートのサイズに合わせて切る。フライパンには続けてランチョンミートを入れ、表面全体を焼く。

2 ラップを広げて海苔を表を下にしてのせ、中心にご飯半量をのせる。1の卵焼き、ランチョンミートの順にのせ、油みそを塗り、残りのご飯を重ねる。四方向から海苔を隙間なく折りたたんで正方形にし、ラップでしっかり包んで落ち着かせる。ラップごと半分に切り、ラップをはずす。

おにぎりの定番食材 1

梅

戦国時代にも栄養の源となった名実ともにおにぎりの具の代表格。食欲を刺激する酸味には、頼れる殺菌作用もあります。

鎌倉幕府を勝利に導く

梅干しとおにぎりが結びついたきっかけは、鎌倉時代の「承久の乱」と言われています。世の混乱に乗じて朝廷への権力奪還を目論む後鳥羽上皇。それに立ちはだかったのが源頼朝の妻、北条政子で、東国（鎌倉幕府側）の武士や農民に、当時では貴重な米や梅干しを与えるとお触れを出し、20万もの兵を集めることに成功。見事、朝廷軍を鎮圧しました。梅干しおにぎりが、武士、ひいては幕府を支えたのです。これを機に、梅干しおにぎりは全国へ広まっていきました。

梅干しに合うお米

塩気と酸味のある梅干しには、甘味や丸みのある米（新潟「コシヒカリ」や、愛媛「にこまる」）がよく合います。カリカリ梅には、熊本「森のくまさん」もおすすめ。

塩気と酸味が防腐にも

お弁当など、作ってから食べるまでに時間をおくものは、腐敗を防ぐ工夫が必要です。手っ取り早い方法は、防腐・殺菌作用のある塩や酸を含む食材を組み合わせること。梅干しは塩気が強くクエン

皮が薄く、果肉がやわらかい「南高梅」は、存在感バツグン。

酸が豊富で、腐敗をある程度食い止めることができ、おにぎりに最適の具と言えます。作用は接している面に対して発揮するので、おにぎりの中心に入れるより、きざんでご飯に混ぜて全体に行きわたらせると、より効果的。ただ現在は、減塩タイプやはちみつ入りなど、塩や酸を控えめにしたものも多いので過信はせず、持ち歩く際は温度上昇しないように心がけ、早めに食べ切りましょう。

果肉が硬く小粒のカリカリ梅。きざんでご飯に混ぜても。

おにぎりの定番中の定番食材はやっぱり梅！

梅干しの高級ブランド紀州「南高梅」は、戦後に生まれたもの。和歌山県のみなべ町で、地元に育つ梅の優良品種を年月をかけて研究改良し、その原木である「高田梅」と、研究に協力した「南部《みなべ》高校」から命名されました。皮が薄くて果肉がややわらかい南高梅は評判を呼び、和歌山県は梅の収穫量で6割以上のシェアを占めています。

小粒で果肉がやや硬めの小梅を漬けた通称「カリカリ梅」は、実は信州のローカル漬け物。一部の地域で親しまれているものでしたが、コンビニエンスストアのおにぎりに採用されたことをきっかけに全国へと広まりました。

梅干しおにぎり

大きな梅干しを一粒入れると存在感が出ます。
梅干しは、はちみつ入りなどお好みのもので。

材料（2個分）

ご飯…約170g
梅干し…2個
手塩…少々
海苔…お好みで1/3枚

作り方

1 指先に塩少々をつけ、ご飯半量をとり、中心に梅干し1個をのせて三角ににぎる。

2 同様にもうひとつにぎり、お好みで海苔を巻き、あれば梅干しをトッピングする。

梅しそおにぎり

梅干しと青じそは、誰もが知る相性のよさ。
細かくきざんで混ぜ、ひと口で味わえるようにします。

材料(2個分)
ご飯…約170g
梅干し…1個(20g)
青じそ…1枚

作り方
1 梅干しは種を除いて粗くきざむ。青じそは細切りにする。以上をボウルに入れて混ぜる。

2 ご飯半量をとり、中心に**1**を半量のせて三角ににぎる。同様にもうひとつにぎる。

梅わかめおにぎり

梅干しは、海藻類ともよく合います。
わかめは乾燥したきざみわかめを使うと便利!

材料(2個分)
ご飯…約170g
カリカリ梅(小梅)…5個
きざみわかめ…大さじ1

作り方
1 カリカリ梅は種を除いて細かくきざみ、ボウルに入れて、ご飯、きざみわかめを加えて混ぜ合わせる。

2 **1**を等分して三角ににぎる。

梅みそおにぎり

みその塩気や発酵の旨味が重なってコクが出ます。
梅の酸味がやわらいで、まろやかに。

材料(2個分)
ご飯…約170g
梅干し…1個(20g)
みそ…小さじ1

作り方
1 梅干しは種を除いてたたき、ボウルに入れてみそを加え、混ぜ合わせる。

2 ご飯半量をとり、中心に**1**を半量のせて三角ににぎる。同様にもうひとつにぎる。

鮭

おにぎりの定番食材 2

魚系の代表は根強い人気の鮭。主役にも脇役にもなる具です。ほんのりピンク色の身がシンプルなおにぎりを華やかに。

保存食が、おにぎりの具に

比較的収穫しやすい鮭は古くから庶民に近しい食材で、塩漬けにして干したり、みそ漬けや粕漬けにしたりと、保存食としても広く親しまれてきました。漬けると水分がほどよく抜けるうえ塩気が防腐の役割もしてくれるので、鮭がおにぎりの具となったのは必然的と言えるでしょう。大ぶりにほぐしてゴロッと中に入れたり、細かくフレーク状にして混ぜこんだり、野菜の漬け物と合わせたり。バターやチーズなど洋風の食材とも相性がいいので、メインにもバイプレーヤーにもなる使い勝手のよい具です。

脂ののった生鮭は早めに

鮭ハラスなど、脂の多い鮭はジューシーでご飯にもよく合います。しかし、時間をおくと脂が酸化し、せっかくのおいしさを損なうことも。生鮭や脂の多い鮭でおにぎりを作るときは、塩をふって水分を飛ばすようによく焼くか、できたてを食べるようにしましょう。

一年中、手に入りやすい鮭の切り身。
焼いてほぐしたものは、作りおきにも。

鮭に合うお米

やや硬い食感の塩鮭には、米粒に張りがあって味が濃い佐賀「さがびより」、やわらかく脂ののった生鮭はアミロース含有率が低く粘りがある北海道「ゆめぴりか」などを。

鮭おにぎり

鮭の塩気によって、手塩の量を調節するとバランスよく仕上がります。

材料（2個分）

ご飯…約170g
甘塩鮭…1/2切れ　手塩…少々
海苔…お好みで1/3枚

作り方

1 甘塩鮭は魚焼きグリル（または網）で焼き、粗熱がとれたら皮と骨を除いて粗くほぐす。

2 指先に塩少々をつけ、ご飯半量をとり、中心に1を適量のせて三角ににぎる。

3 同様にもうひとつにぎり、お好みで海苔を巻き、残った1をトッピングする。

鮭えびおにぎり

**桜えびの香ばしさで味を変化。
ピンクの色合いも目を引きます。**

材料（2個分）
ご飯…約170g
甘塩鮭…1/2切れ
桜えび…大さじ1強

作り方

1 甘塩鮭は魚焼きグリル（または網）で焼き、粗熱がとれたら皮と骨を除いて細かくほぐす。

2 ボウルにご飯、1、桜えびを入れて混ぜ、等分して三角ににぎる。

鮭しょうがおにぎり

**甘酢しょうがの寿司を思わせる味が、
塩気のある鮭とよくなじみます。**

材料（2個分）
ご飯…約170g
甘塩鮭…1/4切れ
甘酢しょうが…2枚

作り方

1 甘塩鮭は魚焼きグリル（または網）で焼き、粗熱がとれたら皮と骨を除いて細かくほぐす。

2 甘酢しょうがはせん切りにし、ボウルに入れて1を加えて混ぜる。

3 ご飯半量をとり、中心に2をのせて三角ににぎる。同様にもうひとつにぎる。

鮭ねぎおにぎり

**鮭はねぎ、みょうが、三つ葉などの
香味野菜もよく合います。食感もアップ!**

材料（2個分）
ご飯…約170g
甘塩鮭…1/2切れ
小ねぎ（小口切り）…大さじ2

作り方

1 甘塩鮭は魚焼きグリル（または網）で焼き、粗熱がとれたら皮と骨を除いて細かくほぐす。

2 ボウルにご飯、1、小ねぎを入れて混ぜ、等分して三角ににぎる。

おにぎりの定番食材 3

昆布

だしをとった昆布を再利用。
そんな庶民の知恵が、
おにぎりにぴったりの具材に。
甘辛の佃煮、塩昆布を使い分け。

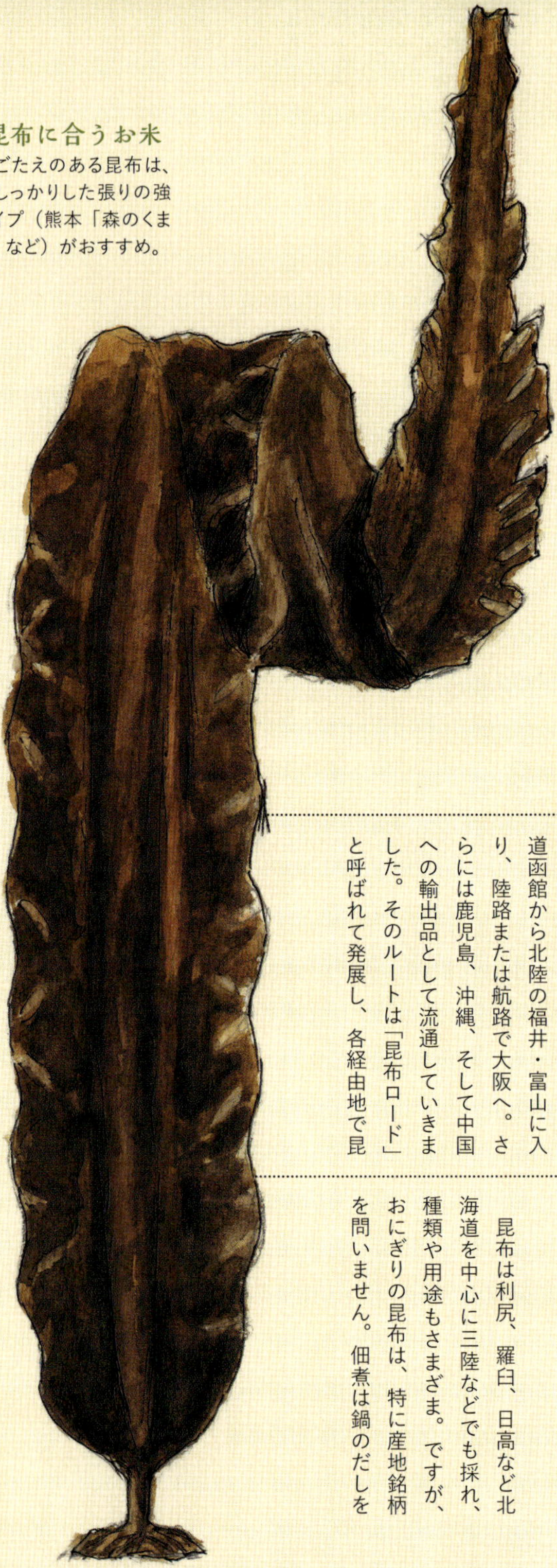

昆布に合うお米

噛みごたえのある昆布は、粒がしっかりした張りの強いタイプ（熊本「森のくまさん」など）がおすすめ。

北前船「昆布ロード」で発展

奈良時代以前から朝廷に献上されていたという昆布。その後、乾燥技術が発達し、江戸時代には近江商人が手がけた北前船で、北海道函館から北陸の福井・富山に入り、陸路または航路で大阪へ。さらには鹿児島、沖縄、そして中国への輸出品として流通していきました。そのルートは「昆布ロード」と呼ばれて発展し、各経由地で昆布が広まり、家庭へも浸透します。太平洋側では鰹節のだしが多いのに対し、北陸や京都・大阪で昆布だしが主流なのも、ここに所以しています。

佃煮と塩昆布

昆布は利尻、羅臼、日高など北海道を中心に三陸などでも採れ、種類や用途もさまざま。ですが、おにぎりの昆布は、特に産地銘柄を問いません。佃煮は鍋のだしを

大阪では食卓の定番「昆布の佃煮」。ご飯の進む甘辛味。

とったあとの昆布を再活用するのも手。味や栄養分が残っているので、そのまま捨ててしまうのはもったいないのです。だしがらを食べやすくきざんで、しょうゆ、みりん、砂糖などの甘辛い煮汁で味を含めるようにしながら煮詰めればできあがり。ごまや粒山椒を混ぜてもおいしく、保存もききます。

塩昆布は市販のものを使うと便利。そのままご飯に混ぜこむだけでもよいですが、きざんだ野菜の漬け物を合わせるとシャキシャキ食感が加わり、味がふくらみます。

旨味と塩気がある塩昆布は、いろいろな食材と合う。

昆布おにぎり

昆布は食べやすさを考えて、きざんだり、混ぜこんだりして使います。

材料（2個分）
ご飯…約170g
昆布の佃煮…6g
手塩…少々
海苔…お好みで1/3枚

作り方

1 昆布の佃煮は、食べやすくきざむ。

2 指先に塩少々をつけ、ご飯半量をとり、中心に1を半量のせて三角ににぎる。

3 同様にもうひとつにぎり、お好みで海苔を巻き、あれば昆布の佃煮をトッピングする。

昆布としば漬けのおにぎり

塩昆布は、酸味のある漬け物と好相性。
シャキシャキ食感が後を引きます。

材料（2個分）
ご飯…約170g
塩昆布…5g
しば漬け…20g

作り方
1 しば漬けは粗くきざむ。ボウルに入れ、ご飯、塩昆布を加えて混ぜ合わせる。
2 1を等分して三角ににぎる。

昆布マヨおにぎり

甘辛味の昆布にマヨネーズが加わると洋風に！
子どもにも食べやすい味になります。

材料（2個分）
ご飯…約170g
昆布の佃煮…6g
マヨネーズ…小さじ1

作り方
1 昆布の佃煮は食べやすくきざみ、ボウルに入れてマヨネーズを加えて混ぜ合わせる。
2 ご飯半量をとり、中心に1を半量のせて三角ににぎる。同様にもうひとつにぎる。

昆布と野沢菜のおにぎり

佃煮の味が行きわたって、全体がほんのり茶色。
漬け物の旨味が重なり、複雑な味わいに。

材料（2個分）
ご飯…約170g
昆布の佃煮…20g
野沢菜漬け…30g

作り方
1 昆布の佃煮は細切りに、野沢菜漬けは粗みじん切りにする。ボウルに入れ、ご飯を加えて混ぜ合わせる。
2 1を等分して三角ににぎる。

おにぎりの定番食材 4

鰹節

鰹節の繊細でほのかな旨味は和食の味を支える影の立役者。しょうゆを軽くまぶせば、具として存在感を放ちます。

太平洋側は鰹だし

鰹は黒潮にのって太平洋を回遊し、三陸から千葉、和歌山、九州にかけて沿岸地域で漁獲されます。漁獲量の多い地域では自然と保存技術も発展していき、鰹節は日本を代表する保存食のひとつとなりました。その歴史は古く、室町時代の資料にもその名が記されているそう。削り節で作るだしは、上品な香りと旨味、深みをもたらし、和食の下支えとなる存在に。太平洋側（主に東）の汁物やめんつゆが鰹だしベースになったのも土地柄によるものです。

昭和半ば頃までは各家庭に鰹節の専用削り器がありましたが、今はごく薄く削られた花がつおや、粉末状にしたものなど、二次加工された小分けパックが一般的になりました。

しょうゆと混ぜて具に

おにぎりには、薄削りの花がつおを使います。大きめに削られたものは、ご飯に混ぜると食べごたえが出て、風味が全体に行きわたります。中に入れる場合は、細かく削られたものが食べやすくおすすめです。昆布同様、だしをとったあとの鰹節を再活用するの

鰹節に合うお米

しょうゆであえた鰹節は少々塩気が立っているので、米粒に甘みのあるもの、鰹節に負けない旨味のあるもの（会津「コシヒカリ」など）が合います。

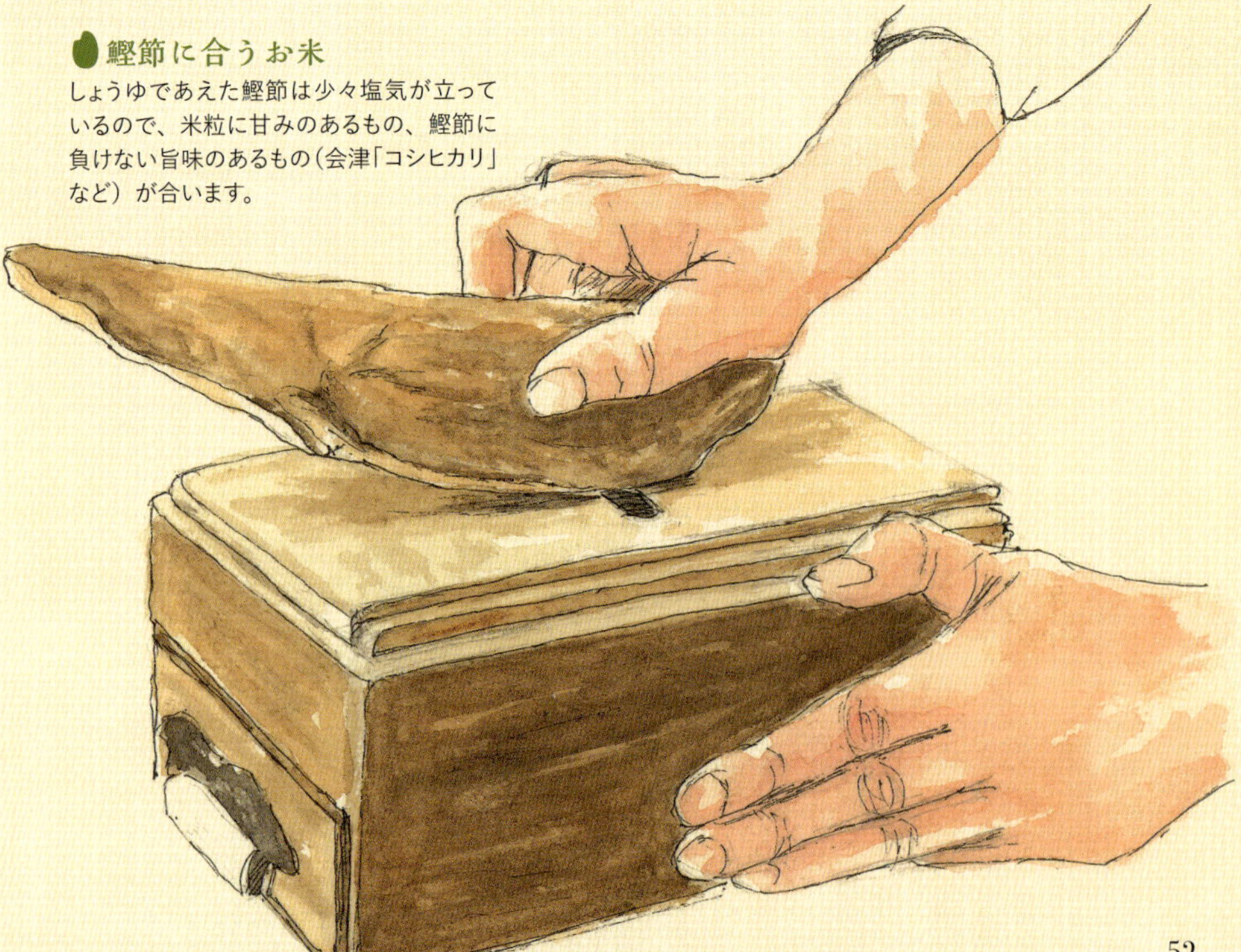

も手。鍋やフライパンで軽く炒って水分を飛ばしてから使いましょう。

　鰹節は、そのままだと味が薄いので、しょうゆと混ぜて使うのが一般的。めんつゆやポン酢しょうゆでアレンジしてもおいしいです。鰹節自体が「旨味のもと」なので、他の食材とも組み合わせやすく、梅干しや昆布の他、わかめやちりめんじゃこなどの海の物、野沢菜や白菜など野菜の漬け物、バターやチーズなど洋風の食材も合います。

小分けパックの削り節は、開けたての香りがよいうちに使用。

おかかおにぎり

**中に入れるときは、海苔を巻くのがおすすめ。
ご飯に混ぜてにぎるときは、中に梅干しを入れても。**

材料（2個分）

ご飯…約170g
削り節…2g
しょうゆ…小さじ2
手塩…少々
海苔
…お好みで1/3枚

作り方

1 ボウルに削り節を入れて、しょうゆをまぶす。

2 指先に塩少々をつけ、ご飯半量をとり、中心に1を半量のせて三角ににぎる。

3 同様にもうひとつにぎり、お好みで海苔を巻き、あればしょうゆをまぶした削り節をトッピングする。

おかかオイスターおにぎり

鰹節に、牡蠣の旨味をプラスしてコク増し。
ごまの香りもポイント。

材料(2個分)
ご飯…約170g
削り節…3g
白すりごま…大さじ1
オイスターソース…大さじ1/2

作り方

1 ボウルに材料をすべて入れ、混ぜ合わせる。

2 1を等分して三角ににぎる。

おかかクリチおにぎり

クリームチーズの酸味が意外にもマッチ。
軽やかな味わいの洋風おにぎりです。

材料(2個分)
ご飯…約170g
削り節…1g
クリームチーズ…12g
しょうゆ…小さじ1/2

作り方

1 クリームチーズを1cmの角切りにし、削り節、しょうゆを加えて混ぜる。

2 ご飯半量をとり、中心に1を半量のせて三角ににぎる。同様にもうひとつにぎる。

おかかバターおにぎり

味つけは、めんつゆとバターで和テイスト。
小ねぎの風味で、味が締まります。

材料(2個分)
ご飯…約170g
削り節…3g
バター…10g
めんつゆ(4倍濃縮)
…大さじ1
小ねぎ(小口切り)…大さじ2

作り方

1 フライパンを火にかけてバターを入れ、溶けてきたら削り節とめんつゆを加えて炒め合わせる。

2 ボウルにご飯、1、小ねぎを入れて混ぜ、等分して三角ににぎる。

おにぎりの定番食材 番外編

コンビニで不動のナンバーワン人気
ツナマヨおにぎり

材料（2個分）
ご飯…約170g
ツナ缶…40g
マヨネーズ…小さじ1
海苔…1枚

サンドイッチの具がおにぎりに!? 今ではめずらしい話でもありませんが、そのような概念がなかった約40年前のこと。ツナを製造する会社従業員の娘さんがツナとマヨネーズを混ぜ、ご飯にのっけて食べたらおいしかった！というのがじわじわと広まり、昭和58年、コンビニエンスストアのおにぎりの具に採用されました。主な利用者層である10〜20代の若者の心を捉え、爆発的なヒット商品に。ここ数年ナンバーワンの座を保持し、次代の定番の具として家庭でも作られています。

ツナは油分が含まれているものが多いため、しっかり汁気をきってから作るのがポイント。マヨネーズにも油分が含まれており、ご飯に混ぜこむタイプのおにぎりにすると型くずれしてしまうため、中心に入れてご飯で包むようににぎり、仕上げに海苔を全体にしっかり巻きつけて形を保ちます。

作り方

手に水を少々つけ、ひとつ分のご飯を片手にのせる。真ん中にくぼみを作り、ツナマヨを入れる。

ツナマヨを包みこむようにして、ひとまとめにする（強くはにぎらない）。

10ページの要領で、三角型ににぎる。

10ページの要領で

海苔の対角線上にハサミを入れて半分に切る。

海苔の真ん中に、海苔とは逆向きにおにぎりをのせる。

左右の海苔を折って、おにぎりにかぶせる。

手前の海苔を折って、おにぎりを包む。

海苔がはがれないように形を整える。

あれば、上に残ったツナマヨをトッピングする。

おにぎりの包み方

アルミホイルをクシャクシャにしておにぎりを包む

ホイル包みでおいしさをキープ

おにぎりを持って遠足や学校、仕事場へ。数時間後も味や食感をキープし、おいしく食べるには、包み方が大事です。いちばん大切なのは、ほどよい通気性。ぴっちり包まれて通気が一切できないと表面がベチャッとなり、せっかく巻いた海苔がはがれてしまうことも。逆に全体を空気にさらした状態では、乾燥して表面がカチコチに……。

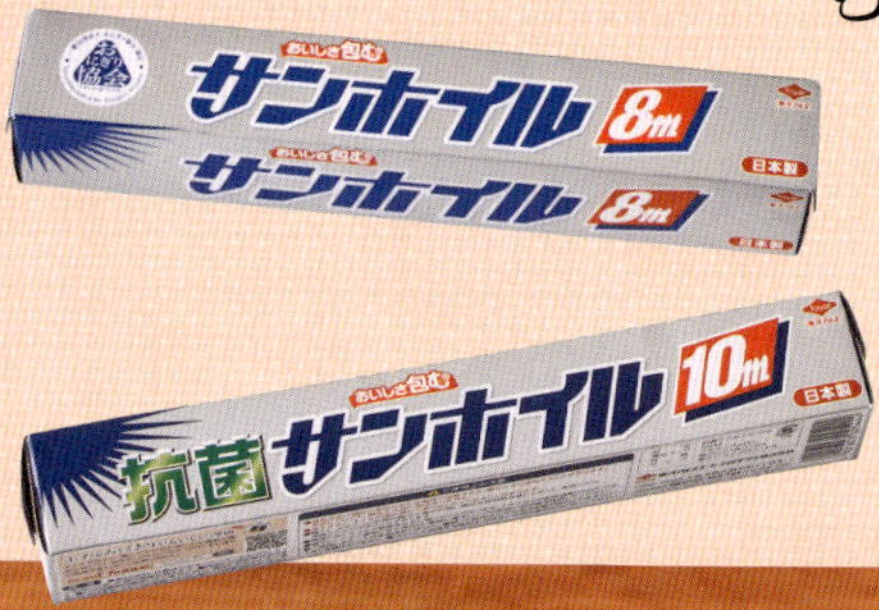

おにぎり協会認定！
サンホイル
使いやすさにこだわった小箱設計。切れ味のよい刃でサッと切れ、折り目がつくので次に使うときも楽チン。

①アルミホイルを広げる。

②正方形に切り取る。

③全体を軽くにぎる。

④やさしく広げる。

⑤中央におにぎりをのせる。

⑥手前、左右の順に折る。

⑦奥を折って全体を包む。

⑧軽くにぎって形を整える。

完成！

そこで最適なのが、アルミホイルです。ポイントは、包む前にアルミホイルをやさしくつかんでクシャクシャにさせること。広げると表面全体に凹凸ができ、おにぎりに密着することなく、適度な空間を作って通気性を保ちます。だから時間がたってもご飯粒の食感を楽しめるのです。

また、アルミホイル自体に抗菌作用があるので、表面に付いた雑菌の繁殖や増殖を抑える働きもあります。

ファンシーホイルで お弁当が映える！

クシャクシャのアルミホイルで包まれた、シルバーのおにぎりばかりでは味気ないと思ったら、おにぎり専用のホイルがおすすめ。アルミホイルに吸湿紙を貼りつけているので、ぴったり包んでもおにぎりの接触面から余分な水分や油分を吸い取ってベトつきません。アルミ側にはカラフルな模様やイラストが描かれているので、お弁当の彩りもアップ！ 子どもたちもワクワク楽しいランチタイムになります。

おにぎりホイル PLUS!

おにぎりホイル
ラッキークローバー

おにぎりホイル ミニ
ひつじのショーン

アルミと吸湿紙の二重構造で、食品をベチャつきや乾燥から守ります。

協力：東洋アルミエコープロダクツ株式会社

楽しみ方の新提案

ディップおにぎり

フライドポテトにケチャップやマヨネーズをつけて食べる感覚で、おにぎりを楽しんでみませんか。

おにぎりの具はバリエーションが無限大にありますが、ひとつ食べ切るまで同じ味なので、いろいろ食べようと思うとお腹がいっぱいになってしまいます。数種類の具をちりばめた爆弾おにぎりもおもしろいけれど、食べながら味を変えていくのも手。和風、中華風など調味料や具を組み合わせたディップは、つけるごとにおにぎりの味を一新してくれます。つけるおにぎりは、シンプルな塩おにぎりの他、組み合わせ万能な鮭おにぎりやツナマヨおにぎりがおすすめ。ひとつのおにぎりで、おいしさが何倍にもふくらみます。

さわやかな酸味が広がり、辛さがピリリと残る

❶梅わさディップ

材料(作りやすい分量)

梅干し…1個(20g)

練りわさび、
マヨネーズ…各小さじ1

作り方

1 梅干しは種を除いて細かくたたく。

2 ボウルに1、練りわさび、マヨネーズを入れてよく混ぜる。

はちみつで食べやすく。ごま油の風味もポイント。

❷みそにんにくディップ

材料(作りやすい分量)

みそ…大さじ1

おろしにんにく…小さじ1

しょうゆ、はちみつ、
ごま油…各小さじ1

作り方

1 ボウルにすべての材料を入れて混ぜ合わせる。

中華と韓国の甘辛みそを組み合わせ。ピリッと刺激的!

❸中華風ディップ

材料(作りやすい分量)

甜麺醤…小さじ2

おろしにんにく、
白いりごま…各小さじ1

コチュジャン、砂糖…各小さじ1

作り方

1 ボウルにすべての材料を入れて混ぜ合わせる。

簡単アレンジおにぎり

おにぎりは、具を複数にして楽しむのもおすすめです。食感の違うものを組み合わせると、より味わいがふくらみます。

梅マヨささみおにぎり

ヘルシーな鶏肉を梅干しでさっぱりと。
マヨネーズでまろやかさをプラス。

材料（2個分）
ご飯…約170g
鶏ささみ肉…1/4本
梅干し…1個（20g）
マヨネーズ…小さじ1
青じそ…1枚

作り方

1 小鍋に湯を沸かし、ささみをゆでてざるにあげる。冷めたら手で食べやすい大きさにさく。

2 梅干しは種を除いて細かくたたき、マヨネーズと混ぜ合わせる。

3 ご飯を等分して三角ににぎり、中心に半分に切った青じそをのせ、その上に1と2を等分してのせる。

菜っ葉巻き焼肉おにぎり

小松菜で巻いて、彩りよく。
紅しょうがの塩気と辛味がアクセント。

材料(2個分)
ご飯…約170g
豚薄切り肉…50g
焼肉のたれ…大さじ1/2
小松菜の葉…2枚
紅しょうが…15g
サラダ油…少々

作り方

1 フライパンにサラダ油を熱し、豚肉を炒める。色が変わったら焼肉のたれを加えて絡める。

2 小松菜の葉はさっと湯通しし、冷めたらキッチンペーパーで水気をとる。

3 紅しょうがは粗くきざみ、ボウルに入れてご飯、**1**を加えて混ぜる。等分して三角ににぎり、**2**の小松菜の葉を広げて巻きつける。

つくね山椒おにぎり

小粒の山椒が、ピリリと刺激的。
つくねは市販のものを活用すればカンタン！

材料(2個分)
ご飯…約170g
鶏つくね(市販)…2個
山椒の佃煮…大さじ1

作り方
1 鶏つくねは電子レンジなどで温める。
2 ボウルにご飯と山椒の佃煮を入れて混ぜ合わせる。
3 2を半量とり、中心に1を1個のせて円盤型ににぎる。同様にもうひとつにぎる。

三色おにぎり

ベーコンの旨味、
チーズのコクと塩気、
枝豆の食感で、
どこを食べてもおいしい。

材料（2個分）
ご飯…約170g
ブロックベーコン…40g
プロセスチーズ…20g
ゆで枝豆
（さやから出したもの）…30g

作り方

1 ベーコンとチーズは7〜8㎜角に切る。

2 フライパンを熱してベーコンの表面を香ばしく焼く。

3 ボウルにご飯、1のチーズ、2、枝豆を混ぜ合わせ、等分して丸くにぎる。

ささみレモンのカレー風味おにぎり

**プチプチ弾けるクミンの香りで
おにぎりがエスニック味に！**

材料（2個分）
ご飯…約170g
鶏ささみ肉…1/2本
レモン（輪切り）…1枚
クミンシード…小さじ1/3
カレー粉…小さじ1/4
コンソメ（顆粒）…小さじ1/2

作り方

1 小鍋に湯を沸かし、ささみをゆでてざるにあげる。冷めたら手で食べやすい大きさにさく。

2 レモンはみじん切りにする。

3 ボウルにご飯、1、2、クミンシード、カレー粉、コンソメを入れて混ぜ合わせ、等分して俵型ににぎる。

すき焼き風おにぎり

**春菊を合わせるのがポイント！
前日に残ったすき焼きで作っても。**

材料（2個分）
ご飯…約170g
牛薄切り肉……50g
すき焼きのたれ…大さじ1/2
春菊（葉）…1/4束分
小ねぎ（小口切り）…大さじ2
サラダ油…適量

作り方

1 フライパンにサラダ油を熱し、牛肉を炒める。色が変わったら、すき焼きのたれを加えて絡める。

2 春菊はさっと湯通しし、水気をきって粗くきざむ。

3 ボウルにご飯、**1**、**2**、小ねぎを混ぜ合わせ、等分して丸くにぎる。

ドライトマトとしらすのおにぎり

**旨味が凝縮したドライトマトを使って。
しらすの旨味とおいしくなじみます。**

材料(2個分)
ご飯…約170g
セミドライトマト…20g
しらす…大さじ2
三つ葉(粗くきざむ)
…大さじ2

作り方
1 セミドライトマトは細切りにする。
2 ボウルにご飯、1、しらす、三つ葉を混ぜ合わせ、等分して三角ににぎる。

野沢菜たらこおにぎり

たらこの塩気に、野沢菜の
シャキシャキ食感を合わせて。
ご飯の進む名コンビは、
おにぎりでも好相性。

材料（2個分）
ご飯…約170g
野沢菜漬け…20g
たらこ…1/2腹
海苔…1/2枚

作り方

1 野沢菜漬けは粗くきざむ。たらこは半分に切る。

2 ご飯半量をとり、中心に1を半量ずつのせて三角ににぎる。同様にもうひとつにぎる。

3 海苔を半分に切り、2に巻きつける。

鮭としいたけのおにぎり

甘辛く煮た味の濃いしいたけの佃煮を使って。
煮物の甘みが、鮭とご飯のつなぎ役。

材料（2個分）
ご飯…約170g
甘塩鮭…1切れ
しいたけの佃煮…2枚

作り方
1 甘塩鮭は魚焼きグリル（または網）で焼き、粗熱がとれたら皮と骨を除いて細かくほぐす。
2 しいたけの佃煮は薄切りにする。
3 ボウルにご飯、1、2を混ぜ合わせ、等分して三角ににぎる。

焼きさばの
山椒風味おにぎり

脂ののったさばを三つ葉が
さっぱりとさせ、
さわやかな山椒の香りが
鼻を抜けます。

材料(2個分)
ご飯…約170g
生さば…60g
塩…適量
三つ葉(粗くきざむ)…大さじ2
粉山椒…小さじ1/2

作り方

1 さばは全体に塩をふり、魚焼きグリル(または網)で焼き、粗熱がとれたら骨を除いてほぐす。

2 ボウルにご飯、**1**、三つ葉、粉山椒を混ぜ合わせ、等分して三角ににぎる。

桜えびの紅しょうがおにぎり

香ばしさの中に辛味が加わり、クセになる味。
しそを下に敷いて、盛りつけもひと工夫。

材料（2個分）
ご飯…約170g
紅しょうが…15g
桜えび…大さじ2
青じそ…2枚

作り方

1 紅しょうがは粗くきざむ。

2 ボウルにご飯、**1**、桜えびを混ぜ合わせ、等分して俵型ににぎり、青じそにのせる。

うにしょうゆおにぎり

練りうにを使って、ちょっぴりぜいたくに。
ご飯にはしそを混ぜ、さっぱりとさせます。

材料（2個分）
ご飯…約170g
青じそ…3枚
練りうに…小さじ2
しょうゆ…小さじ1

作り方

1 青じそは細切りにしてボウルに入れ、ご飯を加えて混ぜ合わせる。

2 別のボウルに練りうにとしょうゆを混ぜ合わせる。

3 1を半量とり、中心に2を半量のせて三角ににぎる。同様にもうひとつにぎる。

うなたまおにぎり

**う巻きをおにぎりにアレンジ。
みょうがのさわやかな風味がアクセント。**

材料（2個分）
ご飯…約170g
うなぎの蒲焼き…60g
みょうが…1個
卵…1/2個分
砂糖…小さじ1/2
サラダ油…少々

作り方
1 うなぎの蒲焼きは粗くきざむ。みょうがは小口切りにする。
2 ボウルに卵を割りほぐし、砂糖を加え混ぜ、サラダ油を熱したフライパンに流し入れる。菜箸で大きくかき混ぜながら火を入れ、炒り卵を作る。
3 ボウルにご飯、**1**、**2**を混ぜ合わせ、等分して丸くにぎる。

セロリの酢漬けと梅干しのおにぎり

2種類の酸味が重なった、
すっきりさっぱりの新テイスト。

材料（2個分）
ご飯…約170g
セロリの酢漬け…30g
カリカリ梅（小梅）…5個

作り方
1 セロリの酢漬けは薄切りにする。カリカリ梅は種を除いて細かくきざむ。
2 ボウルにご飯、1を混ぜ合わせ、等分して丸くにぎる。

ザーサイと
クレソンの
おにぎり

中華風の具にクレソンの
ほのかな苦味を加えて。
ピリッと辛い黒こしょうが
味のまとめ役。

材料(2個分)
ご飯…約170g
味つけザーサイ…20g
クレソン…1/2束
ごま油…小さじ2
粗びき黒こしょう…適量

作り方

1 ザーサイ、クレソンは粗くきざむ。

2 ボウルにご飯、1、ごま油、粗びき黒こしょうを混ぜ合わせ、等分して三角ににぎる。

高菜とおろしポン酢のおにぎり

高菜漬けの強い塩気を大根おろしでマイルドに。
水分がやや多いので早めに食べて。

材料(2個分)
ご飯…約170g
高菜漬け…30g
大根おろし…大さじ3
ポン酢しょうゆ…小さじ2

作り方
1 高菜漬けは細かくきざむ。
2 大根おろしは水気をきってボウルに入れ、1、ポン酢しょうゆを加えて混ぜる。
3 2のボウルにご飯を加えて混ぜ合わせ、等分して三角ににぎる。

福神漬けとクレソンのおにぎり

甘みのある漬け物に、意外にもクレソンが合う！
具がたった2つとは思えない複雑な味わい。

材料（2個分）

ご飯…約170g
福神漬け…30g
クレソン…1/2束

作り方

1 福神漬けは大きければ粗くきざむ。クレソンは粗くきざむ。

2 ボウルにご飯、**1**を混ぜ合わせ、等分して丸くにぎる。

きゅうりと枝豆の塩昆布おにぎり

きゅうりは塩もみして、水気を少なく。
シャキシャキ、ほっくり。いろいろ食感が楽しい。

材料（2個分）
ご飯…170g
きゅうり…1/3本
塩…適量
ゆで枝豆
（さやから出したもの）…30g
塩昆布…15g

作り方

1 きゅうりは薄い輪切りにして塩もみし、しんなりしたら水気をぎゅっとしぼる。

2 ボウルにご飯、1、ゆで枝豆、塩昆布を混ぜ合わせ、三角ににぎる。

白菜漬けと昆布のおにぎり

昆布は甘めの佃煮を使って、ごまの香りをプラス。
白菜漬けの食感がよく、ご飯にぴったり。

材料(2個分)

ご飯…約170g
白菜漬け…50g
昆布の佃煮…30g
白いりごま…大さじ1

作り方

1 白菜漬けは粗くきざむ。昆布の佃煮は、食べやすくきざむ。

2 ボウルにご飯、1、白いりごまを混ぜ合わせ、等分して丸くにぎる。

Onigiri Column 02

おにぎり海外事情

具だくさんの「飯団《ファントゥアン》」は台湾の定番朝ご飯！

もち米の中に さまざまな具を包む

米食文化になじみのあるアジア圏には、おにぎりに近しいものが多く存在します。台湾の定番朝ご飯の「飯団」もそのひとつで、日本との違いはもち米を使っている点。おにぎりの形にするにはジャポニカ米のような粘着性が求められますが、台湾はジャポニカ米が主流ではないことからもち米になった模様。もち米は、店によって白米や紫米から選ぶことができます。中身も独特で、切り干し大根や肉でんぶ、きざんだ漬け物、ゆで卵など、さまざまな具を組み合わせます。

営業は朝5～11時。連日行列の飯団専門店

台北市の鉄道MRT古亭駅近くの飯団専門店「劉媽媽飯糰」は、早朝5時にオープン。たくさんの人が駅から、そしてスクーターなどで立ち寄り、好みの飯団を買っていきます。連日行列で昼前の11時には店じまい。朝だけの営業です。お店の人気ナンバー1メニューは「招牌紫米飯糰」。炊いたもち米（紫米）を平らにのばし、卵焼きや切り干し大根、油条（中国式の揚げパン）などをのせてにぎったもので、スタッフは驚くほどの手早さで俵状にし、ラップに包んでいきます。塩気や甘味、旨味といった多様な味と、シャキシャキ、サクサク、ほろほろ、モチモチの食感が混じり合う複雑な口の中。不思議となじみ、やさしい味わいで朝食向き。具がランダムに入っているので、ひと口ごとに味が変化していくのが楽しいです。ここで注意したいのがボリューム。日本のおにぎりの倍くらいの大きさで、巨大な海苔巻きのよう。まずはベーシックなものを1個チャレンジしてみては。

焼きおにぎりの作り方

**二大焼きおにぎりは、みそ味としょうゆ味。
濃厚なみそ味は表面に塗って、
しょうゆ味は中にもしみこませて焼きあげます。**

みそ焼きおにぎり

みりんと砂糖で、コクと甘味をプラス。
焼くとみその風味がより豊かになります。

材料（2個分）

ご飯…約170g

A
- みそ……大さじ1
- みりん…大さじ1
- 砂糖…小さじ1

作り方

1 ご飯を等分して三角ににぎり、表面に混ぜ合わせたAを等分して塗る。

2 オーブントースターの天板にオーブンシートを敷いて1をのせる。

3 トースターに入れ、表面に焼き色がつくまで4～5分焼く。

みそ

しょうゆ焼きおにぎり

ご飯に味を浸透させてからトースターへ。
2回に分けて味つけするのが、おいしいコツ。

材料（2個分）

ご飯…約170g

A
- しょうゆ…大さじ1と1/2
- みりん…大さじ1と1/2

作り方

1 ボウルにご飯を入れて、Aの2/3量をかけて混ぜ合わせる。

2 1を等分して三角ににぎる。

3 オーブントースターの天板にオーブンシートを敷いて2をのせてトースターに入れて焼く。

4 約3分たって表面が焼けてきたらふたを開け、残りのAを表面にかけて塗る。

5 再びトースターに入れ、表面が少しこんがりとするまで2～3分焼く。

しょうゆ

枝豆しょうゆ焼きおにぎり❷

ごま油を加えて、香りづけ。
枝豆がホックリとして楽しい食感！

材料（2個分）
ご飯…約170g
ゆで枝豆（さやから出したもの）…30g
しょうゆ、みりん、ごま油…各小さじ2

作り方
1 ボウルにすべての材料を入れて混ぜ合わせ、等分して三角ににぎる。
2 オーブントースターの天板にオーブンシートを敷いて1をのせ、トースターで表面に焼き色がつくまで5〜6分焼く。

チーズめんつゆ焼きおにぎり❶

しょうゆをめんつゆにアレンジ。
チーズのコクが味の決め手です。

材料（2個分）
ご飯…約170g
プロセスチーズ…20g
めんつゆ（4倍濃縮）…大さじ1と1/2

作り方
1 チーズは7〜8㎜角に切る。
2 ボウルにご飯、1、めんつゆを混ぜ合わせ、等分して三角ににぎる。
3 オーブントースターの天板にオーブンシートを敷いて2をのせ、トースターで表面に焼き色がつくまで5〜6分焼く。

白みそ焼きおにぎり❹

口あたりマイルドで、やさしい甘み
豆板醤がピリリと味を引き締めます。

材料（2個分）
ご飯…約170g
青じそ…2枚
白みそ…大さじ1
みりん、砂糖…各小さじ1
豆板醤…小さじ1/3

作り方
1 青じそはせん切りにしてボウルに入れ、白みそ、みりん、砂糖、豆板醤を加えて混ぜ合わせる。
2 ご飯を等分して三角ににぎり、表面に1を等分して塗る。
3 オーブントースターの天板にオーブンシートを敷いて2をのせ、トースターで表面に焼き色がつくまで4～5分焼く。

レモンみそ焼きおにぎり❸

ふわっとレモンのさわやかな香り！
意外にもみそとの相性はバツグンです。

材料（2個分）
ご飯…約170g
みそ…大さじ1
レモン汁…小さじ1
みりん、砂糖…各小さじ1
レモンの皮（すりおろし）…適量

作り方
1 ボウルにみそ、レモン汁、みりん、砂糖、レモンの皮少々を混ぜ合わせる。
2 ご飯を等分して三角ににぎり、表面に1を等分して塗る。
3 オーブントースターの天板にオーブンシートを敷いて2をのせ、トースターで表面に焼き色がつくまで4～5分焼く。仕上げにレモンの皮少々をふりかける。

モッツァレラチーズおにぎり チキンナゲットのせ❶

仕上げにハーブ塩や、
あればトリュフ塩をかけて。
香りをプラスすることで、
味に奥行きが出ます。

材料（2個分）
ご飯…約170g
チキンナゲット…2個
モッツァレラチーズ…40g
小ねぎ（小口切り）…大さじ2
ハーブ塩…適量

作り方
1 チキンナゲットはオーブントースターで温める。モッツァレラチーズは手で細かくさく。
2 ボウルにご飯、1のチーズ、小ねぎを混ぜ合わせ、等分して円盤型ににぎる。
3 2の上に1のチキンナゲットをのせ、ハーブ塩をかける。

アレンジおにぎり

市販の惣菜や缶詰、瓶詰など、少し塩気の強い食材は、おにぎりの具にぴったり。香味野菜やスパイスを合わせて楽しんで。

牡蠣とクレソンの おにぎり❷

バルのおつまみのような組み合わせ。
ワインにも合うおにぎりです。

材料（2個分）
ご飯…約170g
牡蠣のオイル漬け（缶詰）…正味40g
クレソン…1/2束
粗びき黒こしょう…小さじ1/2
レモン（輪切り）…2枚

作り方

1 牡蠣は汁気をきる。クレソンは粗くきざむ。

2 ボウルにご飯、1、粗びき黒こしょうを混ぜ合わせ、等分して三角ににぎり、レモンの上にのせる。

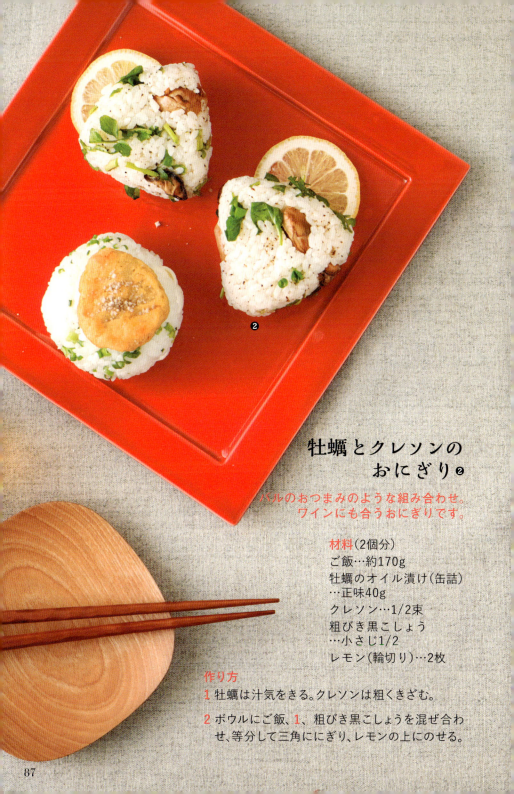

梅干しコンビーフ
おにぎり

**甘くした炒り卵でまろやかになり、
コンビーフの脂を
梅がさっぱりとさせます。**

材料（2個分）
ご飯…約170g
コンビーフ（缶詰）…正味30g
梅干し…1個（20g）
卵…1/2個分
砂糖…小さじ1/2
サラダ油…適量

作り方

1 コンビーフはほぐす。梅干しは種を除いて細かくたたく。

2 ボウルに卵を割りほぐし、砂糖を加え混ぜ、サラダ油を熱したフライパンに流し入れる。菜箸で大きくかき混ぜながら火を入れ、炒り卵を作る。

3 ボウルにご飯、1、2を混ぜ合わせ、等分して丸くにぎる。

から揚げのマヨチリソースおにぎり

ご飯とおかずをひとつにドッキング。
甘くて辛いソースが、後を引きます。

材料(2個分)
ご飯…約170g
鶏のから揚げ(市販)…2個
海苔…2/3枚
マヨネーズ…小さじ1
スイートチリソース
…小さじ1
小ねぎ(小口切り)…小さじ2

作り方

1 ご飯半量をとり、中心から少し上のほうに鶏のから揚げをのせて三角ににぎる。同様にもうひとつにぎり、半分に切った海苔をそれぞれ巻く。

2 マヨネーズとスイートチリソースを混ぜ合わせて1にかけ、小ねぎを散らす。

サラミとたくあんのマスタードおにぎり

濃縮した肉の旨味とたくあんは意外にもぴったり！
辛味と酸味のあるマスタードがおいしいつなぎ役。

材料（2個分）
ご飯…約170g
サラミ…20g
たくあん…20g
マスタード…小さじ2

作り方

1 サラミ、たくあんは5〜6mm角に切る。

2 ボウルにご飯、1、マスタードを混ぜ合わせ、等分して三角ににぎる。

さば缶キムチおにぎり

さばみそとピリ辛キムチのおいしい出会い。
香菜の香りと食感がアクセント。

材料（2個分）
ご飯…約170g
香菜…1株
さばみそ缶…正味60g
白菜キムチ…30g

作り方

1 香菜は粗くきざむ。

2 ボウルにさば缶を入れてほぐし、ご飯、白菜キムチ、1を加えて混ぜ合わせ、等分して丸くにぎる。

甘栗とチャーシューのおにぎり

ホクホク甘い栗に豚の旨味がなじんで
大人も子どもも楽しめる味に。

材料(2個分)
ご飯…約170g
甘栗…30g
チャーシュー(市販)…20g
小ねぎ(小口切り)…大さじ2

作り方

1 甘栗、チャーシューは粗くきざむ。

2 ボウルにご飯、1、小ねぎを混ぜ合わせ、等分して三角ににぎる。

たこ焼き風おにぎり

**食べると、口の中で「たこ焼き」の味に！
酢だこを使うのがポイント。**

材料(2個分)
ご飯…約170g
酢だこ…30g
紅しょうが…15g
天かす…大さじ2
小ねぎ(小口切り)…大さじ2
青のり、削り節…各小さじ1

作り方

1 酢だこは粗くきざむ。紅しょうがはみじん切りにする。

2 ボウルにご飯、**1**、天かす、小ねぎ、青のりを混ぜ合わせ、等分して円盤型ににぎり、削り節をのせる。

いかの塩辛おにぎり

ご飯を塩辛と炒めることで、生ぐささはナシ！
旨味が全体に行きわたります。

材料（3個分）
ご飯…約170g
いかの塩辛…40g
小ねぎ（小口切り）…大さじ2
粗びき黒こしょう…小さじ1/2
サラダ油…適量
海苔…お好みで1/4枚

作り方
1 フライパンにサラダ油を熱し、ご飯を入れてほぐし炒め、いかの塩辛を加えて炒め合わせる。ボウルに取り出し、粗熱をとる。

2 1のボウルに小ねぎ、粗びき黒こしょうを加え、3等分して俵型ににぎり、お好みで海苔を巻く。

たことザーサイのナムプラーおにぎり

味はちょっぴりエスニック風。
噛むほどにたこの旨味を感じます。

材料（2個分）

ご飯……約170g
ゆでたこ……40g
味つけザーサイ……20g
ナムプラー……大さじ1
海苔（5cm×5cm）……2枚

作り方

1 たこは薄切りにする。ザーサイは粗くきざむ。

2 ボウルにご飯、1、ナムプラーを混ぜ合わせ、等分して丸くにぎり、海苔の上にのせる。

鮭のレモンパセリ おにぎり

皮ごとみじん切りした
レモンが味の決め手。
パセリはぜひたっぷりと！

材料(2個分)
ご飯…170g
レモン(輪切り)…1枚
鮭フレーク(市販)…大さじ2
パセリ(みじん切り)…大さじ2
塩…少々

作り方
1 レモンはみじん切りにする。
2 ボウルにご飯、1、鮭フレーク、パセリ、塩を混ぜ合わせ、等分して三角ににぎる。

アンチョビーとあさりのカレーおにぎり

カレー風味にすることで、魚介の旨味が引き立つ！
アンチョビーの塩気がほどよい、おつまみおにぎり。

材料（2個分）
ご飯…約170g
アンチョビー…6g
あさり水煮（缶詰）…正味20g
カレー粉…小さじ1/2
コンソメ（顆粒）…小さじ1/2
黒いりごま…少々

作り方
1 ボウルにご飯、アンチョビー、汁気をきったあさり、カレー粉、コンソメを入れ、アンチョビーをくずしながら混ぜ合わせる。
2 1を等分して円盤型ににぎり、黒いりごまをふる。

うにとチーズの焼きおにぎり

とろ〜りチーズの下に、しょうゆで絡めたうにを閉じこめて。
できたてアツアツを、ぜひ。

材料（2個分）

ご飯…約170g

A
- 練りうに…小さじ2
- しょうゆ…小さじ2

ピザ用チーズ…10g

作り方

1 ご飯は等分して三角ににぎり、合わせたAを表面に等分して塗る。

2 オーブントースターの天板にクッキングシートを敷いて1をのせ、ピザ用チーズをかける。

3 2をトースターに入れ、チーズが溶けるまで4〜5分焼く

ドライトマトとみょうがのおにぎり

トマトに香味野菜を組み合わせて風味アップ。
プチプチ弾けるごまで、味が楽しく変化します。

材料（3個分）
ご飯……約170g
セミドライトマト……20g
みょうが……1個
白いりごま……大さじ1
青じそ……3枚

作り方

1 セミドライトマトは細切り、みょうがは小口切りにする。

2 ボウルにご飯、1、白いりごまを混ぜ合わせ、3等分して俵型ににぎり、青じその上にのせる。

コーンとグリーンピースの粒マスタードおにぎり

黄色と緑の粒をちりばめたカラフル仕立て。
粒マスタードのさわやかな辛味で飽きない味に。

材料(2個分)

ご飯…約170g
コーン(缶詰)…正味20g
グリーンピース水煮(缶詰)…正味20g
粒マスタード…大さじ1

作り方

1 ボウルにご飯、汁気をきったコーン、グリーンピースを入れ、粒マスタードを加えて混ぜ合わせる。

2 1を等分して丸くにぎる。

Onigiri Column 03

▲おにぎりの運び方

美しさと機能性をあわせ持つ日本の伝統工芸「曲げわっぱ」

スギやヒノキで作られる小箱

おにぎりを包むときは、アルミホイルなど通気性を保ちながら乾燥を防いでくれるものが最適（58ページ）。

時代劇などでよく見る薄く細長い竹の皮も同様で、通気性に優れ、抗菌性があると言われています。

おかずもいっしょに詰められるお弁当箱なら、はるか昔から今にいたるまで愛されている日本の伝統工芸品「曲げわっぱ」がおすすめ。スギやヒノキが原料で、薄く削いだ板を熱湯につけてやわらかくし、曲げて乾燥させ、楕円や円形にします。それを桜皮で縫いとめ、底面を隙間なくはめこんだものので、美しい木目でやわらかなフォルム。やさしい木の香りがします。

適度な湿度がご飯のおいしさを保つ

木がご飯から出る水分をほどよく吸い、乾燥を防いでくれるので、時間がたってもご飯粒がしっとり。おにぎりのおいしさを保ちます。薄い板でできているので軽いのもいいところ。

二段重ねのお弁当箱には、食べ終わった後コンパクトに重ねられるものもあって便利です。無塗装の白木作り、樹脂コーティング、漆塗りなどの種類があるので、ライフスタイルに合わせて楽しんで。

日本各地に点在する おにぎりの名店

米、具、形、にぎり方は、場所によってさまざま。
しかし、どの店も地元に愛され、根づき、
おにぎりのおいしさと味を継承しています。

ぼんご

●ぼんご

「鮭＆筋子（奥）」、「卵黄＆そぼろ（手前）」。

来店客のニーズに応えていくうちに増えたという具は55種類。さまざまなおにぎりをカウンターで楽しめます。いちばん人気は「筋子」で、塩気が岩船産の甘いご飯とマッチ。ふんわりとにぎられたおにぎりは口の中でほどけ、ボリュームがありながらも軽い食感。何より人情深い女将の人柄に心も温まります。

DATA

東京都豊島区北大塚2-26-3 金田ビル1F
電話03-3910-5617
●営業時間
11:30～24:00
●定休日
日曜

蒲田屋《かまたや》

「なすみそ(右)」、「枝豆とアスパラ(左)」。

1個120円とリーズナブル。店頭のケースに並んだ豊富な種類の小ぶりなおにぎりは、毎日通っても食べ飽きないと、地元住民に長年愛されています。

米はシーズンごとに米屋と相談して選定する徹底ぶり。いちばん人気は「なすみそ」で、自家製の調合みそとなす、青じその見事な調和はついつい手が出るおいしさです。

DATA

東京都北区上十条3-29-15
電話03- 3906-2044

●営業時間
6:30～16:00
(売り切れ次第)

●定休日
月曜(変更あり)

補陀落本舗《ふだらくほんぽ》

「ゆばむすび」

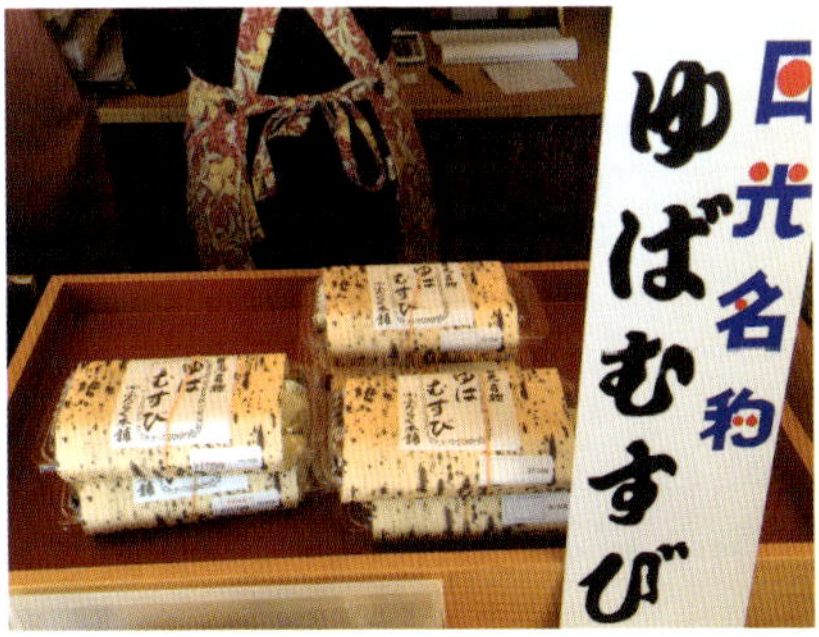

半生のゆばを使用しているので、店頭販売のみ。

日光名物「ゆばむすび」は、休日に売り切れ必至の人気商品。

栃木県産のもち米をしょうゆで炊いたシンプルなおこわを、きめ細やかなゆばで包んでいます。上品なゆばの食感、風味と、もち米の甘み、しょうゆ味が絡み合ってやさしい味わい。つけ合わせのしょうゆのたまり漬けとも相性ぴったりです。

DATA

石屋町店:
栃木県日光市石屋町406-4
電話0288-53-4623

●営業時間
9:00～17:00

●定休日
無休

青おにぎり

●あおおにぎり

店頭では手ぬぐいなどの雑貨も販売している。

ピリ辛じゃこピーマンがクセになる「青鬼の爪(右)」、「キーマカレー(左)」。

京都、銀閣寺にほど近い京都市左京区の白川沿いで営む専門店。

カウンターで欲しい商品を紙に書いて店主に渡すと、一つひとつにぎられます。「うめ」や「昆布」といった定番メニューに加え、「じゃこマヨネーズ」や「キーマカレー」など変わり種も豊富。

みそ汁や漬け物などとセットで注文できる他、持ち帰りもできます。

DATA
京都市左京区
浄土寺下南田町39-3
電話075-201-3662
●**営業時間**
11:30～売り切れ次第
(18:00まで)
●**定休日**
月曜、火曜不定休

むすびのむさし

●むすびのむさし

「銀むすび」は黒ごま塩がかかっている。

名物は秘伝のたれに絡めたご飯に「昆布」や「しば漬け」などの具を入れて海苔で巻いた「俵むすび」。

広島では行楽のおともとして根づいています。広島駅新幹線口の店ではうどんと銀むすびがセットになったものも。

おにぎりは、硬めで持ちやすいのに口の中でほろっとほどける絶妙のにぎり加減です。

DATA
新幹線店:広島県広島市
南区松原町1185
電話082-261-0634
●**営業時間**
11:00～22:00
(持ち帰りは7:00～)
●**定休日**
不定休

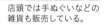

ありんこ

●ありんこ

1978年創業の老舗のおにぎり屋。当時は3坪で、せまいスペースであちこちに動き回る姿から「ありんこ」と名付けられたそう。「紅鮭」や「梅」など定番商品を抑えてトップを走り続けているのは「チーズかつお」。少しだけとろけたチーズとかつおのパンチが絶妙なバランスです。具だくさんな「筋子」も人気。

注文後に一つひとつにぎるスタイル。

「筋子(右)」、「チーズかつお(左)」。

大きなじゃがいもが入った豚汁も人気。

DATA

オーロラタウン店：
北海道札幌市中央区大通西2丁目
さっぽろ地下街オーロラタウン
電話011-222-0039

●営業時間
8:00～20:00

●定休日
無休

おにぎり竜

●おにぎりりゅう

ボクシング元WBO世界ミニマム級チャンピオン山中竜也さんが2019年4月にオープン。おにぎりは、一押しの「乱王醤油漬け」をはじめ「焼き鮭」「あごおとし明太子」「いぶりがっこチーズおかか」など定番20種と、季節のおにぎり3種。

　おにぎり具材はそのまま酒の肴としても楽しむことができます。

場所は大阪を代表する繁華街・北新地。

機敏な動きでおにぎりを握る山中さん。

DATA

大阪市北区
曽根崎新地1-1-16
クリスタルコートビル103
電話06-6131-7717

●営業時間
18:30～翌3:00

●定休日
日曜、祝日

おにぎり 浅草宿六

●おにぎり あさくさやどろく

人気の具はずっと変わらず「鮭」「たらこ」「昆布」。

三代目の店主を務める三浦洋介さん。

昭和29年創業の東京で一番古いおにぎり専門店。カウンターで、ショーケースに並んだ具材を選び、羽釜で炊いたご飯を注文を受けてから一つひとつにぎるスタイル。特注の木枠の型でおおよその形を整え、手に塩をつけてやわらかめににぎり、厚めの江戸前海苔で包みます。

　米は毎年何十種ものの中から、その年一番の品種を選んで年間通じて提供しています。

　具材は創業以来ほぼ変わらないラインナップで、豊洲市場や全国各地から選りすぐりのものを取り寄せています。1個から注文可能。

　『ミシュランガイド東京2019』にてビブグルマンのおにぎり専門店として世界で初めて掲載されました。

DATA

東京都台東区浅草3-9-10
電話03-3874-1615

●営業時間
昼:11:30～、夜18:00～
(ともにご飯がなくなり次第終了)

●定休日
昼:日曜　夜:火曜、水曜

駅弁

松廼家

まつのや

「七福むすび」
古代米ご飯、五目ご飯、白飯 いっこく野州どり、霧降高原豚のピリ辛みそ焼きなど 縁起のよい食材が7種類入ったお弁当。

大人の休日クラブ「汽車辨當」

駅弁発祥の地・宇都宮駅より 元祖おにぎり辨當を伝承

日本で初めて駅弁を売り出したのは1885年（明治18年）7月16日に栃木県の宇都宮駅で、ごま塩おにぎり2個を竹皮で包んで売り出したのが始まりと言われています。

宇都宮駅に売店がある老舗の弁当屋「松廼屋」は、その駅弁発祥の地より、元祖おにぎり弁当を伝承。当時の素朴さと現代風のおかずを詰めた「汽車辨當」が人気。宇都宮に訪れた際にはぜひ味わいたい逸品。

※予約販売商品

DATA

有限会社 松廼家(本社)
栃木県宇都宮市駅前通り3-3-1
電話028-634-2426

●営業時間
店舗により異なる

●URL
ekiben-matsunoya.co.jp

デパ地下

古市庵

●こいちあん

「海老天」

「紅鮭」

「梅」

デパートや駅ナカでおにぎりの定番！
こだわりのおにぎりをお持ち帰り

全国のデパートや駅ナカ売店で有名な「古市庵」。

旅先のちょっとした食事や、デパートで買って自宅やホテルでいただいた人も多いハズ。もはや思い出以上のＤＮＡにすりこまれるほどのド定番おにぎりの安心ブランドです。「俵大名」「おむすび紀行」「越後屋甚兵衛」「おにぎり畑　晴れ晴れ」など、チェーン展開されています。それぞれの店舗でお米や食材にこだわった上質のおにぎりが食べられます。

DATA

株式会社 古市庵(本社)
福岡県久留米市天神町146
電話0120-061-168

●営業時間
店舗・施設営業時間により異なる

●URL
koichian.co.jp

Onigiri Column 04

▲おにぎり最前線

食文化を世界へ発信する 手にぎり再現ロボット

おにぎりファンを増やし 米離れを打開したい

コンビニエンスストアの定番商品となってから、おにぎりは「家で作る」だけでなく「買って食べる」ものになりました。それと並行するように主食の傾向が変化し、家庭での米消費が減少していることを案じたパナソニックの開発者が、ご飯の魅力を伝えたい、それにはおにぎりという最も身近な家庭料理のファンを増やすのがいいのでは、と考えて生まれたのが「OniRobot」です。工業用の型押し製造機ではなく、5方向から圧力をかける特許技術で職人の手にぎりを再現。適度に空気を含んだふわっとした食感を実現しました。

パナソニック「OniRobot」

5方向から圧力をかける「3D形成ハンドによる圧力フィードバック制御技術」を採用することで、職人の技を再現。わずか数秒で1個できる。

家で作るように おにぎりをカスタマイズ

海外でヘルシーな和食が注目されている好機を逃すまいと、2018年「OniRobot」を世界最大規模のアメリカのイベントSXSWに出展。話題を呼び、おにぎり食文化を世界に発信することが、日本における米食の需要の底上げにもつながると勢いを得て、新たな展開が広まっています。家庭では、お父さんは大きめ、子どもは小さめ、具を2種類入れたい人、混ぜたい人、塩は濃いめ、海苔を巻く巻かないなど、自分好みに作るおにぎり。外食でも食べたいおにぎりをカスタマイズできるよう、注文を受けるためのアプリ開発などが進められています。

今後は「OniRobot」を搭載したキッチンカーや、おしゃれなカフェスタイルで、外食としてのおにぎりを国内、海外へと発信していく。

おにぎり INDEX

焼きさばの
山椒風味おにぎり P71

鮭としいたけのおにぎり
P70

野沢菜たらこおにぎり
P69

ドライトマトと
しらすのおにぎり P68

すき焼き風おにぎり
P67

ザーサイと
クレソンのおにぎり P76

セロリの酢漬けと
梅干しのおにぎり P75

うなたまおにぎり
P74

うにしょうゆおにぎり
P73

桜えびの
紅しょうがおにぎり P72

みそ焼きおにぎり
P82

白菜漬けと
昆布のおにぎり P80

きゅうりと枝豆の
塩昆布おにぎり P79

福神漬けとクレソンの
おにぎり P78

高菜とおろしポン酢の
おにぎり P77

白みそ焼きおにぎり
P85

レモンみそ焼きおにぎり
P85

枝豆しょうゆ焼きおにぎり
P84

チーズめんつゆ
焼きおにぎり P84

しょうゆ焼きおにぎり
P83

サラミとたくあんの
マスタードおにぎり P90

から揚げのマヨチリソース
おにぎり P89

梅干しコンビーフおにぎり
P88

牡蠣とクレソンのおにぎり
P87

モッツァレラチーズおにぎり
チキンナゲットのせ P86

たことザーサイの
ナムプラーおにぎり P95

いかの塩辛おにぎり
P94

たこ焼き風おにぎり
P93

甘栗とチャーシューの
おにぎり P92

さば缶キムチおにぎり
P91

コーンとグリーンピースの
粒マスタードおにぎり
P100

ドライトマトと
みょうがのおにぎり P99

うにとチーズの
焼きおにぎり P98

アンチョビーとあさりの
カレーおにぎり P97

鮭のレモンパセリおにぎり
P96

監修
中村祐介（おにぎり協会）
関　克紀（おにぎり協会）

編集
前田宏治（United）

アートディレクション／デザイン
福島巳恵（United）

文・執筆
須永久美

おにぎりレシピ考案
尾田衣子

撮影
斉藤純平

イラスト
福島啓次

担当編集
寺田須美（辰巳出版）

編集協力
渡辺潤平
青山志穂
（一般社団法人
日本ソルトコーディネーター協会）
湯澤元一（守半總本舗）
小池理雄（小池精米店）
三浦洋介（おにぎり 浅草 宿六）
徳田雄介（古市庵）
齋藤久美子（松廼家）
森川　愛（料理助手）
佐藤久志（うつわ協力）

おにぎりの本
Onigiri Japan

2019年12月1日　初版第1刷発行

監　修　一般社団法人おにぎり協会
編集人　高橋栄造
発行人　廣瀬和二
発行所　辰巳出版株式会社
〒160-0022　東京都新宿区新宿2丁目15番14号　辰巳ビル
TEL　03-5360-8960（編集部）／03-5360-8064（販売部）
FAX　03-5360-8951（販売部）
URL　http://www.TG-NET.co.jp
印刷所　三共グラフィック株式会社
製本所　株式会社セイコーバインダリー

ISBN978-4-7778-2420-5